HANDLE WITH PRAYER

기도의 핸들

| 찰스 F. 스탠리 |

| 삶을 위한 하나님의 능력의 원천을 풀어라 |

HANDLE WITH PRAYER

This book belongs to: _____

It was given to me by: _____

On: _____

HANDLE with PRAYER

| Charles F. Stanley |

Copyright ⓒ 2004 by Cook Communications Ministries All rights reserved.

Korean Translation Copyright ⓒ 2006 by Elman Publishing Co.
The Korean Translation Copyrights Arranged with Cook Communications Ministries, Colorado Springs, CO 80918 U. S. A.

본 저작물의 한국어판 저작권은 **Cook Communications Ministries**와 독점 계약으로 엘맨 출판사에 있습니다. 저작권법에 의해 한국 내에서 보호를 받는 저작물이므로 무단 전제와 복제를 금합니다.

HANDLE WITH PRAYER
기도의 핸들

| 찰스 F. 스탠리 지음 • 한길환 옮김 |

엘맨
| 좋은 책으로 하나님의 사람을 만들어 가는 |

CONTENTS |기도의 핸들|

* 역자의 글 | 8
* 추천서 | 10

01 숨겨진 것을 나타내 보여주심 13
02 권위 있는 기도 37
03 기도와 금식 61
04 기도의 짐 89
05 응답받는 기도 113
06 왜 우리의 기도가 응답받지 못하는가? 135
07 하나님의 뜻대로 기도하는 방법 159
08 기다릴 때와, 행동할 때 177
09 타인을 위한 기도 195
10 기도는 행동이다 217
11 기도의 싸움 235

이 책을 나에게 기도를 가르쳐 주신
나의 어머니 리브가께 헌정한다.

역자의 글

역자는 좋은 책은 독자들에게 감동을 줄 뿐만 아니라, 강한 동기를 부여하여 독자들의 생각을 변화시켜서 행동을 이끌어내는 책이라고 생각한다. 지금까지 기도에 관한 수많은 책이 출판되었다. 이 책도 그 책들 중에 하나라는 사실을 부인할 수는 없다. 하지만 이 책은 우리의 마음과 생각을 강하게 끌어당기는 무엇인가 다른 것이 있다.

이 책은 기도에 관한 단순한 이론서가 아니라, 목회현장에서 무릎을 통해서 얻은 응답받은 기도의 이야기이며, 동시에 기도응답에 대한 분명하고 구체적인 방향을 제시한다. 나는 이 책을 번역하면서 계속 기도하고 싶은 충동에 사로잡혀 있었다. 나의 이 경험을 독자들과 공유하고 싶다.

찰스 스탠리 목사님은 수많은 저서를 통해서 이미 우리들에게 많이 알려진 분이며, 출판된 책마다 새로운 영적인 각성을 불러 일으켰고, 거의 베스트셀러가 되었다. 이 책도 역시 베스트셀러이다.

이 책이 기도란 무엇인가를 알고 실제적인 기도를 통해서 주님과 깊은 교제를 나누며 기도의 응답을 체험하기를 원하는 주님을 사랑하는 모든 사람들에게 소중한 길잡이가 되기를 바란다.

아울러 이 책을 해산하는데 기도로 힘을 준 이혜옥 사모와 동석, 새벽, 가람 세 자녀들, 총신대학 신학대학원의 최시용 전도사님, 영어 독서 클럽의 목사님들 그리고 출판에 아낌없는 도움을 준 엘맨 출판사의 이규종 장로님에게도 하나님의 축복이 있기를 간절히 소원한다. 또한 나의 학문적인 스승이며 영적인 지도자인 총신대학 신학대학원의 권태경 교수님과 서울 성경 신학대학원 대학교의 임창일 교수님, 안산동안교회 김인중 목사님 그리고 미국 오클랜드 시 대학교의 래리 크로우교수님과 로버트 카 교수님께도 진심으로 감사를 드린다.

2006년 10월 20일

수지 새세계교회 작은 골방에서… **한길환 목사**

추천서 1

미국의 저명한 목회자이며 저술가인 찰스 스탠리의 베스트셀러 『기도의 핸들』이란 책이 한국어로 번역 출판됨은 한국의 독자들에게 매우 감사한 일입니다.

역자 한길환 목사는 현장에서 목회하는 신실한 목회자로서, 한국 교회와 크리스천들에게 무엇이 필요한지를 절감하며, 기도에 대한 경건 서적을 번역하여 한국의 성도들에게 소개하고 있습니다.

이 책을 통해 저자 찰스 스탠리는 하나님이 기도를 응답해 주신다는 확신을 가지고 기도하는 방법과 왜 기도가 사탄이 가장 두려워하는 무기인가, 왜 때로는 기도가 응답받지 못할 것이라는 생각이 드는가, 그리고 기도해야할 때와 기다려야할 때, 그리고 행동해야할 때가 어떻게 관련이 되어 있는가, 그리고 더 효과적으로 다른 사람들을 위해 기도하는 방법을 성경말씀과 자신의 기도의 체험을 통해서 명확하고 분명하게 제시하고 있습니다.

이 책은 단지 기도에 관한 이론서가 아니라, 목회현장에서 실제적으로 기도를 통해서 얻은 기도에 관한 진솔한 이야기이며, 응답받은 기도의 구체적인 이야기입니다. 사람은 두 개의 핸들 중 하나를 붙잡고 삽니다. 하나는 믿음의 핸들이며, 또 다른 하나는 불신의 핸들입니다. 이 책이 한국의 성도들에게 믿음의 핸들을 붙잡고 살도록, 우리를 경건한 삶에 이르게 하는 기도의 모범을 제시할 것입니다. 이 책이 영적 갈망을 소망하는 한국의 성도들에게 매우 유익한 책이 되길 바라며, 기쁜 마음으로 추천합니다.

2006년 10월 1일
총신대학교 **권태경** 교수

추천서 2

　본서는 기도의 체험이 매 페이지마다 묻어 있는 매우 놀라운 책입니다. 기도의 핸들을 통해 간구만 하는 기도뿐만 아니라 하나님의 응답까지도 체험하는 기도를 배우게 될 것입니다. 한국어로 번역이 된 것을 매우 환영하며 이 책을 통해 더 많은 성도들의 삶이 하나님의 뜻하심과 부요하심을 누리는 길에 들어서게 되기를 기대해 봅니다.

2006년 10월 1일
안산동산교회 **김인중 목사**

01

숨겨진 것을 나타내 보여주심

예레미야가 아직 시위대 뜰에 갇혀있을 때에
여호와의 말씀이 그에게 두 번째로 임하니라
이르시되 일을 행하시는 여호와, 그것을 만들며 성취하시는 여호와,
그의 이름을 여호와라 하는 이가 이와 같이 이르시도다
너는 내게 부르짖으라 내가 네게 응답하겠고
네가 알지 못하는 크고 은밀한 일을 네게 보이리라

(예레미야 33:1-3).

1967년 어느 날, 오후 기도하고 있을 때, 나는 마치 하나님께서 나에게 말씀하려고 하시는 매우 특별한 일을 가지고 계시다는 느낌이 들기 시작했다. 기도를 하면 할수록, 오히려 짐은 더 커졌다. 나는 이 사실을 아내에게 말했고, 우리는 일찍 휴가를 잡아서 하나님의 인도하심을 구하면서 시간을 보내기로 했다. 우리는 하나님이 말씀하시려는 것을 찾아낼 마음을 먹고, 두 주 동안 노스캐롤라이나의 산으로 갔다.

애니와 나는 대부분의 시간을 금식과 기도로 보냈다. 우리는 하나님이 기도의 응답으로 그 무거운 짐을 철저히 밝혀주시기를 기대하면서 기다렸다. 놀랍게도 하나님은 바로잡지 않으면 안 되는 우리의 삶의 분야를 지적하셨다. 두 주 동안은 오로지 개인적인 회개와 다가올 일을 준비하는 기간이었다.

우리는 들뜬 기분으로 집으로 돌아왔지만, 여전히 확실치 않았다. 개인적으로 우리에게 보다 큰일이 있었지만, 그것은 나에게 마치 알려지지 않은 것을 구별하지 못하도록 하는 덮개와 같았다. 나는 기도의 응답이 가까이 왔다는 것을 감지했지만, 그 응답은 여전히 내가 파악할 수 있는 범위 밖에 있었다. 그러던 어느 날 오후 나는 주님 앞에 엎드렸고 그 덮개가 걷혔다. 하나님은 내가 학교 공부를 시작하기 원하셨다. 나는 그렇게 힘든 일에 전념하기를 주저했지만, 하나님은 그분의 명령을 단지 고려해보는 것이 아니라 "복종해야 한다"는 것을 나에게 분명하게 하셨다. 하나님은 내가 명령에 복종하게 해달라고 기도했을 때, 그분은 나에게 숨겨진 것들을 털어 놓으셨다. 하나님은 내가 알지 못하는 것들을 나에게 보여 주셨다. 하나님은 그분이 말씀하실 것을 대비하여 기도로 나의 마음을 준비시킬 정도로 정확한 분이셨다.

하나님은 알려지지 않은 것들이 그분의 자녀들에게 알려지기를 원하신다. 하나님은 숨겨진 것들이 밝혀지기를 원하신다. 그럼에도 불구하고 우리는 흔히 모르고 있는 상태에 만족한다. 우리는 기다리는 시간을 갖는 것을 꺼리거나 또는 하나님이 우리가 알기를 원하신다는 사실조차도 확신하지 못하고 있다. 그러나 예레미야에게 주신 이 명령은 이 두 가지 문제에 대해서 구체적으로 말씀하신다. 우리는 부르짖어야 하고, 응답을 기대해야 하고, 알려지지 않은 것을 알아야 한다. 예레미야서에서 이 구절을 살펴보자(렘 33:13).

바벨론 사람들이 동쪽에서 예루살렘을 향해서 다가오고 있었는데, 그들은 이미 앗수르를 패배시켰다. 그래서 예루살렘 사람들은 그들의 우수한 군대의 힘을 상대해서는 거의 승산이 없다는 것을 알고 있었다. 예루살렘의 지도자들은 애굽 사람들과 동맹을 맺어야 한다고 생각했는데, 그것은 논리적으로는 당연한 생각이었다. 그러나 예레미야는 그들에게 이렇게 말했다. "하나님께서 너희가 포로가 될 것이라고 말씀하신다. 너희가 참으로 해야 할 일은 거기서 나아가 항복하는 것이다." 분명히 이것은 전혀 이스라엘의 지도자들이 생각하고 있는 생각이 아니었다. 그들은 예레미야를 투옥하고 그의 말을 듣기를 거절했다.

우리는 이스라엘 사람들의 반응에 대해서 놀라지 말아야 한다. 내가 만일 다음 주일날 일어나서 "하나님께서 러시아 사람들이 이 나라를 뒤집어 엎으려고 한다고 말씀하십니다. 우리는 지금 항복해서 우리 자신을 재난에서 구해내는 것이 당연합니다"라고 말한다면, 당신은 우리 교인들이 어떻게 하리라고 생각하는가? 그들은 이 도시에서 나를 쫓아낼 것이다! 그러나 이것은 바로 예레미야 자신이 체험한 상황이었다. 그의 체험을 통해서 예레미야는 우리들에게 하나님과 대화하는 방법을 이해하는 데 도움을 주는 구절(렘 33:1-3)을 말한다.

기도의 고무

이 절에서 우리가 이해할 필요가 있는 세 가지가 있다. 첫째 하나님은 우리들에게 기도를 권고하신다는 것이다. "너는 내게 부르짖으라." 예레미야는 투옥 중이었기 때문에, 그는 오랜 시간 기도 생활에 몰두했다. 설사 우리가 감옥에 갈 일은 없겠지만, 하나님은 그분과 대화하는 방법을 가르쳐주시기 위해서 우리들을 어떤 환경과 상황으로 몰아넣으실 수도 있다.

대부분의 시간을 우리는 이렇게 기도한다, "나를 여기서 벗어나게 해 주시옵소서!" 우리는 고난과 어려움을 피하기를 원한다. 우리가 시련 또는 어려움에 빠졌을 때, 우리는 우리가 그분을 더 잘 섬기고 그분을 더 사랑할 수 있도록 우리의 환경을 바꾸어 주시도록 하나님께 간청한다.

그러나 우리는 약속을 가지고 하나님을 기만하거나 그분을 매수할 수 없다. 예레미야는 자신을 감옥에서 벗어나게 해달라고 하나님께 간청하지 않았다. 오히려 그는 하나님이 그에게 무슨 말씀을 하실 것인가를 보기를 기다렸다. 과연 하나님이 무슨 응답을 하셨을까? "너는 내게 부르짖으라 내가 네게 응답하겠고 네가 알지 못하는 크고 은밀한 일을 네게 보이리라"(렘 33:3). 하나님이 예레미야를 위해서 행하신 일은 단지 그를 감옥에서 벗어나게 하는 것보다 훨씬 더 큰 감화를 주신 것이었다.

그러나 우리들 대부분은 끈기가 없다. 우리는 하나님이 우리에게 보여 주기를 원하시는 어떤 큰 일을 찾기보다는 우리의 환경에서 벗어나려고 더 애를 쓴다. 그러나 하나님은 단지 어려움을 위한 어려움을 결코 허락하지 않으신다. 우리가 당하는 어려움에는 필연적으로 따르는 더 높은 목적이 있다. 문제는 우리가 시련의 한 가운데서 하나님의 더 높은 뜻을 항상 확인할 수 없다는 것이다. 그 때는 우리들을 위한 그 분의 말씀을 기다림으로 우리의 믿음을 훈련해야할 때이다.

나의 친한 친구 중 하나는 부동산 중개인이었는데, 그는 7년 동안 재정적인 실패를 겪었다. 재정적으로 안정된 생활의 상실은 그를 황폐화시켰고 그것은 그의 생각과 기도의 한결같은 초점이 되었다. "왜 하나님이 무언가를 하지 않으실까?" 그는 나에게 묻곤 했다. 한동안 그것은 나와 친구에게 이해할 수 없는 일이었다.

그러나 대단히 긴 시간 동안 온 신경을 집중해서 자신의 마음을 자세히 살핀 결과, 그는 재정적인 안정이 그의 생활 가운데서 하나님을 대신했다는 것을 깨달았다. 하나님은 친구의 삶 속에서 모든 것을 공급하시는 분으로 인정받기를 원하셨던 것이다. 그가 영적으로 마음을 새롭게 하고 그의 권리를 주님께 포기하기 시작했을 때, 그는 재정에 대한 그의 마음가짐에 새로운 자유를 얻었다. 그는 새로운 일을 시작했고 이전보다 더 큰 재정적인 축복을 얻었다.

하나님은 나의 친구를 가르치기 위해 비상하고 엄청난 교훈을 가지고 계셨다. 그것은 그를 금전적으로 부족함이 없도록 유지하는 것보다 더 중요한 교훈이었다.

따라서 하나님은 그의 환경으로부터 그가 눈을 딴 데로 돌려서 그 문제에 대한 하나님의 뜻을 찾으려고 할 때까지 그를 계속 고통스럽게 하셨던 것이다.

기다리는 것은 쉽지 않다. 흔히 우리는 하나님께 조언을 구하려고 하지 않고 친구들이나 사랑하는 사람들의 지도를 받으려고 애를 쓴다. 우리는 하나님이 우리에게 말씀하려고 하시는 것을 찾으려고 애를 쓰면서 책을 읽고, 세미나에 참석하고, 다른 사람들과 의논한다. 우리는 보통 모든 다른 가능성을 망라한 후에, 주님께 돌아가서 그분을 기다린다. 그렇게 하고 나서 우리는 하나님께 이렇게 호소한다. "나는 그 밖의 모든 것을 해보았지만 실패 하였나이다. 나는 결국 당신이 필요하다는 결론을 내렸나이다."

그러나 하나님은 우리가 먼저 그분께 나아오기를 원하신다. 그분은 우리가 그분의 조언을 따라서 그분의 말씀을 기다리기를 원하신다. 그분은 아들이 아버지께 나아가는 것처럼 우리가 그분께 나아오기를 간절히 바라신다. 그러나 우리는 마치 그분을 신뢰하지 못하거나, 또는 그분의 말씀에 별로 관심을 기울이지 않는 것처럼, 마지막 수단으로 그분께 나아간다. 그러나 그분은 우리가 유일하게 신뢰할 수 있는 우리의 조언자이시다. 그리고 우리가 가장 쉽게 만날 수 있고 접근하기 쉬운 친구이시다. 우리가 그분을 만나려고 할 때 그분은 결코 우리에게 통화중 신호를 보내지 않으실 것이다. 그러나 우리에게 무엇인가를 말씀하려고 하실 때, 그분은 종종 통화중 신호에 걸리신다.

하나님은 우리가 우리 자신이 만들어놓은 감옥에 자주 잡혀있다는 것을 아시기 때문에 우리에게 기도를 부탁하신다. 창살과 자물쇠가 채워진 감옥이 아니라 지식의 감옥, 감정의 감옥, 그리고 인간관계의 감옥이다. 기억하라. 어떤 문제와 해결 사이에 가장 가까운 거리는 우리의 무릎과 바닥의 간격이다.

약속된 응답

둘째, 하나님은 예레미야에게 "내가 네게 응답하겠다."고 말씀하셨다. 때때로 우리는 지킬 수 없는 약속을 한다. 본의 아니게 그런 약속을 할 수도 있지만, 그것은 우리를 믿고 있는 사람들을 실망시킨다. 그러나 전능하신 하나님이 무엇인가를 하겠다고 말씀하시면, 그것은 반드시 이루어질 것이다.

하나님은 우리의 기도를 들으실 뿐만 아니라, 응답하시겠다고 말씀하신다. 이것은 우리에게 호기심을 불러일으키는 의문을 제기한다.

하나님이 언제나 우리의 기도를 응답하시는가? 그렇지 않으면, 어떤 종류의 기도만을 응답하시는가? 당신이 최근에 하나님께 구한 것들에 대해서 생각해보라. 구한 것들이 응답되었는가? 당신은 정말로 그 기도가 응답되리라고 믿는가? 자, 문제는 "하나님이 기도를 응답하시는가?"가 아니다. 실제적인 문제는 "하나님이 기도를 어떻게 응답하시는가?"이다. 때로는 그분이 "예스"라고 응답하신다. 이것은 우리가 일반적으로 받아들이는 최상의 응답이다. 만일 하나님이 "예스"라고 하신다면, 우리는 그분이 기도를 응답하셨다고 믿는다. 만일 그분이 "노"라고 말씀하신다면 우리는 그분이 우리의 요구를 거절하셨다고 생각한다.

하나님의 응답

하나님이 우리의 기도를 응답하실 때, 그분은 "예스", "노", 또는 "기다리라."고 응답하신다. 그분이 "예스"라고 말씀하실 때, 우리는 "주님을 찬양하라!"고 외치기 쉽다. 우리는 모든 사람들에게 하나님이 우리에게 얼마나 큰일을 행하셨는가를 털어놓는다.

그러나 하나님이 "노"라고 말씀하실 때, 우리가 그분을 찬양할 근거를 찾는 것은 어려운 일이다. 우리는 그분이 우리의 간구를 들어주시는 것을 막는 죄를 삶 속에서 찾는다. 왜냐하면 만일 우리가 올바르게 살았더라면, 분명히 그분이 "예스"라고 응답하셨을 것이기 때문이다. 그러나 우리가 단지 의롭게 살았기 때문에 하나님이 우리의 모든 기도에 "예스"라고 응답하시는 것을 보여주는 성경의 증거는 조금도 없다. 하나님은 주권자이시다. 그분은 우리의 의로운 생활과 관계없이 그분의 무한한 예지에 따라서 "노"라고 말씀하실 권리가 있으시다.

우리는 고작 우리의 인간적인 처세로 하나님을 움직이려고 한다. 만일 우리가 의롭고 깨끗한 삶을 산다면, 그 다음에 하나님은 우리의 마음의 소원을 들어주셔야 한다고 생각한다. 그러나 하나님을 조종하려는 그러한 시도는 우리가 그분의 소원에 순종함으로써 그분께 영광을 돌려드려야 하는 기독교의 목적을 통째로 무너뜨리는 것이다. 더욱이 만일 우리의 의로운 삶이 하나님께서 참작하시는 기도 응답의 유일한 전제조건이라면, 그분의 은혜가 어떤 점에서 가치가 있겠는가? 사실, 그분의 은혜는 그분께서 몇 번이고 기도 응답에 "노"라고 말씀하실 동기가 되는 것이다.

하나님은 우리에게 가장 유익할 때만 "노" 그리고 "기다리라"고 말씀하신다(롬 8:28). 그분은 위험 따위로부터 우리를 보호하시기 위해서 몇 번이고 그렇게 하신다. 이따금 하나님은 우리의 기도에 응답하기를 원하시지만, 그 시기는 우리가 바라던 대로가 아니다. 예를 들면, 결혼하기를 원하는 많은 사람들이 상담하기 위해서 나를 찾아온다. 경우에 따라서 나는 그들에게 기다리라는 조언을 한다. 어떤 사람들은 나의 조언을 받아들이는 반면에, 다른 사람들은 자기가 듣고 싶어 하는 말을 해주는 사람들에게 조언을 구한다. 당신과 나 역시도 몇 번이고 되풀이 하여 똑같은 선택을 한다. 우리는 그분의 확실하고 적당한 시기를 기다릴 것인가? 아니면 앞으로 달려 나갈 것인가?

우리는 특히 좀처럼 없는 기회가 사라지는 것처럼 보일 때, 거의 기다리는 것을 좋아하지 않는다. 우리는 특히 우리가 바라는 모든 것이 "예스", "예스", "예스"일 때, 하나님이 "노"라고 말씀하시는 것을 듣기를 좋아하지 않는다. 흔히 우리는 어떻게 해서든지 하나님이 마음을 바꾸시기를 바라면서, 성경 구절을 찾아서 그 구절을 주장하면서 계속 기도를 한다. 우리는 참으로 이렇게 말한다 "하나님, 나는 그 응답을 좋아하지 않나이다. 내 생각을 재고하시는 것이 어떠하시겠나이까?"

그러나 우리의 마음속 깊은 곳에서는 정말 우리의 삶에 대한 하나님의 완전하신 뜻을 원한다. 그래서 우리는 하나님의 응답이 항상 우리에게 최상의 것이라는 것을 기억해야만 한다. 우리가 찾은 성경 구절을 주장하는 것이 하나님의 마음을 바꾸지 못한다. 왜냐하면 그분의 말씀은 그분의 뜻과 모순되지 않기 때문이다. 만일 그분이 "노"라고 말씀하신다면, 그분의 응답은 "노"이다. 만일 그분이 "기다리라"고 말씀하신다면, 우리는 기다려야 한다. 하나님은 우리의 일시적인 만족보다는 우리의 성품과 미래, 그리고 우리의 성화(하나님의 은총에 의하여 의를 받은 사람이 성령을 받아 신성한 인격을 완성해 가는 과정: 역주)에 더 관심을 가지고 계신다. 하나님의 응답은 언제나 그분의 사랑으로 말미암은 은혜의 행동이다.

우리의 반응

하나님의 응답에 대한 우리의 반응은 우리에게 둘 중 하나로 나타난다. 그것은 반항적인 마음 아니면 순종하는 마음을 나타낼 것이다. 우리가 이해할 수 없는 사실임에도 불구하고 하나님의 응답을 받아들임으로 우리는 순종하는 마음을 나타낸다. 그러나 그분의 처음 응답을 거절하고 우리의 생각대로 하나님을 조종하려고 함으로써 우리는 반항적인 마음을 나타낸다.

만일 우리가 하나님의 응답이 우리의 계획대로 들어맞지 않을 때 하나님의 응답을 거절한다면, 우리는 우리의 목적을 위해서 하나님을 이용하려고 하는 것이다. 그러나 그 응답이 무엇이든지 기꺼이 받아들인다면, 하나님은 그분의 영광을 위해서 우리를 사용하실 것이다.

숨겨진 것을 나타내 보이심

이 절이 의미하는 세 번째는 "내가 네게 응답하겠고 네가 알지 못하는 크고 은밀한 일을 네게 보이리라"는 말씀이다. 우리 모두는 우리를 당황하게 하는 결정을 내려야하는 상황에 직면한다. 우리는 끊임없이 결혼의 결정, 사업의 결정, 가사의 결정, 그리고 재정적인 결정의 폭격을 받는다. 이것들은 모두 즉시 처리해야 하는 것들이다. 이 절에서 하나님은 모든 삶의 결정에 대한 응답을 보여주겠다는 약속을 하신다. 그러나 많은 하나님의 사람들은 어떤 결정을 하는데 있어서 하나님의 신적인 지혜와 조명에 근거해야 한다는 것을 깨닫지 못하고, 자신들의 지식과 분별력, 그리고 경험에 근거해서 결정하여 그들의 삶을 허

비한다.

대체로 어느 설교자든 설교를 준비할 수 있다. 개요를 작성하고, 두 서너 개의 예화를 모으고, 곧 설교하러 갈 수 있다. 그러나 어떤 설교자라도 그가 하나님의 조언을 구하고, 하나님을 구하고, 그리고 하나님이 하늘에서 그에게 말씀을 주실 때까지는, 사람들에게 전할 하나님의 메시지를 받을 수가 없다(렘 23:21-22).

이와 같은 원리가 모든 그리스도인들에게 적용된다. 우리는 어떤 문제에 있어서 하나님의 뜻을 깨닫는 데 필요한 값을 지불하거나, 또는 우리가 옳다고 생각하는 것에 근거해서 결정을 할 수 있다. 결국 둘 중 어느 쪽이든 결정될 것이다. 그러나 한 쪽의 결정은 어쩌면 사람의 칭찬을 얻는 것임에 반해, 다른 쪽은 하나님의 영원한 승인을 받는 것이 될 것이다.

때로 우리는 동전을 휙 던지면서 "주여, 내가 이것을 하려고 하나이다. 그러나 만일 그것이 당신의 뜻이라면 그것을 축복해 주시고, 만일 내가 잘못되었다면 다음에 더 좋게 해 주시옵소서."라고 고상하게 말한다. 우리는 기다리기보다는 미리 서둘러서 우리가 올바른 일을 하기를 원한다. 핵심은 이렇다. 그리스도인으로, 우리는 결코 어림짐작해서는 안된다. 우리는 확실히 알 수 있다. 하나님은 우리가 은밀한 일 자체를 알려고 하는 것보다 훨씬 더 은밀한 일에 대한 그분의 뜻을 알기를 원하신다. 그러나 우리가 그분과 관계되지 않은 것을 행할 때 그분은 아무 것도 축복하실 수 없고, 축복하지도 않으신다.

그분이 "내가 크고 은밀한 일을 네게 보이리라."라고 말씀하실 때, 그것은 무엇을 의미하는가? 우리가 그분의 뜻을 구하면서, 하나님께 기도할 때마다 그분이 우리에게 보여주기를 원하시는 두 가지 것이 있다. 그분은 우리에게 그분 자신을 보여주기를 원하신다(빌 3:7-8). 그리고 그분이 무엇을 하실 수 있는지를 우리에게 보여주신다(요 15:16). 하나님을 구하고 그분의 능력을 아는 것보다 더 큰 일이 무엇이 있는가?

우리는 그분의 얼굴을 구해야 한다

하나님은 먼저 우리에게 그분의 얼굴을 보여주기를 원하시고, 그리스도인으로써 우리의 목적이 그분을 아는 것이기 때문에, 우리는 이와 같이 무엇인가를 말함으로 우리의 기도 시간을 시작해야 한다. "주여, 당신이 무엇이든지 하실 수 있는 분이심을 감사드리나이다. 당신

전지(하나님의 속성으로, 모든 것을 아심: 역주)하셔서 내가 당신께 말씀드리려는 모든 것을 알고 계심을 감사드리나이다. 당신은 동시에 어디에나 존재하셔서 나를 따로 떼어 놓지 않으시는 것을 감사드리나이다. 내가 당신의 존전으로 들어갈 때, 나는 당신의 거룩하심과 용서하심, 그리고 당신의 자비하심에 대해서 감사하기 위해 당신의 보좌 앞에 나의 마음과 몸을 엎드리나이다. 나는 당신을 인류의 위대하신 창조자, 위대하신 보존자, 그리고 지극히 사랑하시는 분으로 경의를 표하나이다. 아버지, 나는 당신의 위대하심과 당신의 거룩하심을 찬양하면서 당신께 나아가나이다. 당신은 내가 필요한 것을 채우시기에 족하신 분 이상이라고 생각하면서 당신의 자녀로서 당신 앞에 무릎을 굽히나이다."

이것이 우리가 하나님의 앞에 나아갈 때 가져야 하는 마음자세이다. 하지만 우리는 그보다도 먼저 우리가 필요한 것을 가지고 나아가고, 그 밖의 다른 것을 위해서는 일반적으로 필요한 만큼의 시간을 갖지 않는다. 우리는 기도할 때 하나님이 우리에게 그분 자신을 보여주기를 원하신다는 것을 인식할 만큼의 충분한 시간을 가져야 한다.

그분은 우리에게 능력을 보여 주신다

그분이 우리에게 보여주기를 원하시는 두 번째 큰일은 그분이 하실 수 있고 기꺼이 하시는 일이다. 그분은 말씀을 통해서 이것을 행하신다. 그분은 과거에 행하신 일을 우리에게 생각나게 하신다. 그분은 우리에게 사람들이 필요한 것을 어떻게 채우셨고, 그들을 어떻게 보호하셨는가에 대해서 성경을 통해서 실례를 계속해서 보여주신다. 따라서 그분은 우리가 다만 구하기만 하면 우리에게도 기꺼이 똑같은 일을 행하신다.

이 구절에서 "은밀한 일"은 숨겨진 것들, 즉 둘러싸여 있는 것들을 의미한다. 이 말은 요새화된 성을 언급할 때 사용된다. 하나님은 우리가 기도할 때, 이전에 신비에 쌓였던 통찰력을 우리에게 나타내 보이실 것이라고 말씀하신다. 이것은 다른 응답의 출처, 즉 책, 친구들, 상담자들을 통해서가 아니라, 오직 기도 중에만 얻을 수 있다는 것을 뜻한다. 어떤 것들은 모든 지혜의 근원이신 하나님께 직접나아가야만 한다. 오늘날 가정불화를 겪는 많은 사람들이 가정 문제에 대해서 하나님께 해답을 구했더라면 얼마나 많은 이들이 여전히 가족과 함께 있지 않겠는가? 부모들이 자녀의 사정을 주님께 가지고 갔더라면 얼마나 많은 자녀들이 방황하지 않고 지금도 부모와 함께 있지 않겠는가? 그러나 우리는 흔히 하나님의 응답을 기다리려고 하지 않는다. 우리는 우리의 문제에 대해서 빠른 해결책을 원한다.

그러나 하나님은 단지 우리가 필요한 것을 채우시고 우리의 기도를 응답하시는 것 이상의 훨씬 더 중요한 일을 행하기를 원하신다. 그분은 우리의 사랑을 원하신다. 그분은 우리의 마음을 원하신다. 그분은 우리의 삶을 원하신다. 그렇다, 그분은 우리가 오직 그분이 어떤 분이시며, 무엇을 할 수 있으신 가를 인식한 후에, 우리의 시련과 아픈 마음을 기도로 그분께 가지고 나아오도록 격려하신다. 오직 그때만이 우리는 그분이 우리의 기도에 응답하실 것이라는 것을 믿게 된다. 그때만이 비로소 우리는 그분의 손이 아니라, 그분의 얼굴을 구한다.

목사로서 나는 그분께만 얻을 수 있는 응답을 받기 위해서 하나님께 자주 나아간다. 때때로 그분은 나에게 오늘 있을 무엇인가를 보여주신다. 가끔 다음 주 또는 다음 달에 일어날 무엇인가를 보여 주시기도 하신다. 그러나 나는 결코 그분이 기꺼이 응답하지 않으실 것을 가지고 그분께 나아가 본적이 없다. 다만 그분은 언제나 나의 시간 계획에 따라 응답하지 않으신다. 그러나 그분은 언제나 시간에 맞추어 응답하신다.

1969년 버지니아에서 한주 간 부흥회를 인도하고 있는 동안, 나는 다시 한 번 하나님이 나에게 특별히 말씀하실 것이 있다는 느낌이 들었다. 매일 밤 집회가 끝난 후에 나는 기도하기 위해서 방으로 일찍 돌아왔다. 어느 날 밤 나는 메모장을 꺼내서 다섯 개의 선이 있는 원을 그렸다. 각각의 선 끝에 하나님이 나에게 말씀하시려는 것이라고 생각되는 몇 가지를 적었다. 마지막 선위에는 물음표를 찍어 놓았다. 그것은 내가 알지 못하는 일일 것이라는 생각에서였다.

다음날 밤 나는 같은 기도의 짐을 가지고 방으로 돌아왔다. 기도를 한 후 일어날 가능성이 있는 일들을 검토해 보았을 때, 하나님이 나를 이사하게 하시려는 것이 분명했다. 하나님께 그것이 언제냐고 물었을 때, 9월이 나의 마음에 퍼뜩 떠올랐다. 이일은 1969년 5월에 일어났는데, 나는 그분이 1970년 9월을 의미하실 것이라고 생각했다. 그러나 몇 달 후에 애틀랜타의 제일침례교회의 설교위원회(Pulpit committee)가 나를 만나러 왔다. 1969년 9월 30일에 우리 가족은 애틀랜타로 이사했다. 하나님은 내가 마음의 준비를 하도록 하기 위해서 미리 앞서서 알맞은 시기를 말씀하셨던 것이다.

내가 은밀한 일을 보여달라고 간구했을 때, 그분은 숨겨진 일을 나타내 보여 주셨다.

당신이 어떤 환경에 직면하고 있느냐와 관계없이, 살아계셔서, 우리를 사랑하시는, 거룩하신 하나님의 보좌 앞에 나아가지 않고 당신이 필요로 하는 것을 알 수는 없다. 그분은 당신에게 크고 숨겨진 일, 그리고 당신이 어떤 다른 방법으로는 이해할 수 없는 알려지지 않은 일을 보여주겠다고 약속하셨다. 당신이 결코 알 수 없는 어떤 일들이 있다(신 29:29). 그러나 당신이 필요한 모든 지식은 당신이 하나님께 구한다면 얻을 수 있다.

하나님은 당신이 그리스도의 마음을 알 때까지 당신의 생각과 마음을 밝히 비추기를 원하신다. 하나님은 그분에 대한 믿음에 근거하여 당신이 세상 사람들에게 "노"라고 말하기를 원하신다. 당신의 생각을 다른 사람들과 나눌 때 당신은 특별한 지각 능력을 체험한다. 당신은 더 이상 하나님이 당신에게 교훈을 가르치도록 하시기 위해서 전적으로 환경을 의존하지 않는다.

그보다 당신은 그분의 말씀을 통해서 그분께 직접 배운다. 당신은 하나님과 당신의 관계에 새로운 자극을 받는다. 왜냐하면 당신은 그분이 말씀하실 때 듣는 법을 배웠기 때문이다.

요구되는 복종

당신은 그분이 무엇을 요구하시느냐와 관계없이 절대적인 복종의 단계까지 그분께 복종해야만 한다. 왜 그런가? 만일 우리가 어떤 조건에 복종하고 그 대가로 하나님이 계속 응답하신다면, 하나님은 비범한 산타크로스와 다를 바 없는 존재이기 때문이다. 만일 그분이 우리의 반항과 관계없이 우리들을 계속 축복하신다면, 우리는 그분의 목적이 아니라, 우리의 목적에 그분을 이용하게 될 것이다. 따라서 복종은 절대로 필요하다.

만일 당신이 오랫동안 하나님의 뜻을 구했는데 아무 소용이 없는 것 같다면, 당신의 마음을 검토해 보라. 당신이 완전히 하나님께 굴복하지 않은 삶의 어떤 부분이 있는지를 살펴보라. 이 문제를 해결함으로, 당신은 하나님께서 당신을 축복하시도록 하는 위치에 당신 자신을 놓게 될 것이다. 당신의 뜻을 그분의 뜻으로 빨리 바꾸면 바꿀수록, 하나님께서 당신이 알아야 할 필요가 있는 것을 당신에게 더 빨리 보여 주실 것이다. 하나님이 우리에게 그분의 말씀을 단지 고려해야 할 사항

이 아니라 순종하라고 주셨으므로, 하나님은 그분의 비밀을 당신에게 알려주시기 전에 당신이 완전히 복종하는지를 확인하셔야만 한다.

당신은 너무나 커서 당신이 처리할 수 없는 삶의 결정에 직면하고 있는가? 당신은 당신을 당황케 하고 낙심케 하는 어떤 어려운 일을 겪고 있는가? 하나님은 이렇게 말씀하신다. "내게 부르짖으라 내가 네게 응답하겠고 네가 알지 못하는 크고 은밀한 일을 네게 보이리라." 당신이 하나님의 얼굴을 구하고 그분이 누구신지를 이해할 때, 그리고 그분이 기꺼이 하시고, 하실 수 있는 것을 구할 때, 그분은 당신의 환경을 둘러싸고 있는 모든 안개를 걷어주실 것이다. 그분은 무엇을 해야 하는지를 당신에게 보여 주실 것이다. 당신은 그분이 요구하시는 것은 무엇이든지 기꺼이 "예"라고 말하는가? 만일 그렇게 한다면, 당신은 주님과 대화하는 첫 단계를 이해한 것이다.

02

권위 있는 기도

저녁 소제를 드릴 때에 이르러 선지자 엘리야가 나아가서 말하되 아브라함과 이삭과 이스라엘의 하나님 여호와여 주께서 이스라엘 중에서 하나님이신 것과 내가 주의 종인 것과 내가 주의 말씀대로 이 모든 일을 행하는 것을 오늘 알게 하옵소서 여호와여 내게 응답하옵소서 내게 응답하옵소서 이 백성에게 주 여호와는 하나님이신 것과 주는 그들의 마음을 돌이키심을 알게하옵소서 하매 이에 여호와의 불이 내려서 번제물과 나무와 돌과 흙을 태우고 또 도랑의 물을 핥은지라 모든 백성이 보고 엎드려 말하되 여호와 그는 하나님이시로다 하니

(열왕기상 18:36-39).

아합과 엘리야는 오랫동안 적대 관계에 있었다. 따라서 엘리야는 아합과 바알의 선지자들에게 결투를 신청했다. 그는 이렇게 말했다. "누구의 신이 참 하나님인가 진상을 밝히자 만일 바알의 신이 하나님이라면, 우리 모두가 그에게 예배해야 한다. 만일 여호와가 하나님이라면, 우리 모두는 그를 따라야 한다."

아합은 이것이 그런 대로 공평하다고 생각해서 엘리야의 제안을 따르기로 했다. 엘리야는 아합에게 제단을 쌓고 그의 신에게 적당한 제물을 바치라고 말했다. 그리고 모든 바알의 선지자들에게 그들의 신에게 불로 제물을 태워달라고 빌면서 구하라고 했다.

바알의 선지자들은 당당하게 제단을 준비하고 빌기 시작했다. 그들은 빌 뿐만 아니라, 소리를 지르고 울부짖으며 그들의 신이 참 신이라는 것을 그들의 신에게 증명하게 하려고 자신들의 몸을 상하게 하였다. 마침내 엘리야가 그들을 약 올리고 조롱하면서 물었다. "뭐가 잘못되었는가? 너희의 신이 잠들었는가? 그는 휴가중인가?" 이것은 바알로 하여금 그의 선지자들을 더 자극하도록 했지만, 여전히 아무 일도 일어나지 않았다.

그 다음에 엘리야가 나섰다. 그는 지금까지 소홀히 했던 하나님의 제단을 세우고 그 위에 그의 희생 제물을 올려놓았다. 그때 그는 자신의 주장이 옳다는 것을 증명하기 위해서, 물 한 통을 그 위에 부었다. 모든 것이 흠뻑 젖을 때까지, 이것을 두 번 반복했다. 제단과 희생 제물의 조건이 채워졌을 때, 엘리야는 하나님께 기도했다. 모든 사람들이 지켜보고 듣고 있는 동안, 엘리야는 그분이 이스라엘의 하나님이시라는 것을 무리들에게 보여달라고 기도했다. 하나님은 불로 희생 제물을 태우셨을 뿐만 아니라, 나무, 돌, 흙 그리고 물까지 태우셨다(왕상 18:38). 주 하나님은 자신이 하나님임을 증명하셨다.

이것은 권위를 가진 기도의 멋진 실증이다. 엘리야는 어떤 조용한 장소에 숨어서 기도 모임을 갖고 사람들에게 하나님이 그의 기도를 응답하셨다고 말한 것이 아니다. 만일 그가 그렇게 했다면 아무도 그를 믿지 않았을 것이고, 따라서 하나님께서는 사람들에게 자신을 보여줄 기회를 갖지 못하셨을 것이다.

그러나 엘리야가 바알의 모든 선지자들 앞에서 제단을 쌓고, 제단을 물로 흠뻑 적셨을 때, 그는 죽을 각오를 하는 상황에 자기 자신을 던져 넣은 것이다. 하나님의 능력이 나타나든지, 엘리야가 죽은 신을 섬기는 죄로 고발을 당하든지 해야 했다. 따라서 그는 겸손한 마음으로 필사적으로 하나님께 부르짖었고 하나님께서는 하늘에서 불로 응답하셨다. 엘리야의 믿음은 비공개적인 것이 아무것도 없었다. 그 결과, 하나님은 그분의 초자연적인 능력을 공개적으로 보여주셨다. 엘리야는 사람들이 "여호와, 그분은 하나님이시로다."라고 말했을 때 꿈에서나 볼 수 있는 일이 현실로 나타나는 것을 보았다. 엘리야는 그때 하나님이 그분의 뜻을 성취하신다는 것을 알았다.

또 다른 예

몇 년 전, 국제 선교 단체가 그들의 단체에 소속한 선교사들을 위해서 일주일 동안 집회를 갖고 있었다. 이 집회는 많은 선교사들이 그들의 정부의 반종교적인 입장 때문에 그들의 나라를 떠날 법적 자격을 얻는 마지막 기회가 될 것이었다.

미얀마(Myanmar)의 한 선교사 오우안 레이(Ouan Lei)는 거의 일년 동안 출국 허가증을 받으려고 시도했지만, 계속 그의 비자 신청서가 거절을 당했다. 집회 첫날밤 모든 일정에 대한 예비 소개가 있은 후, 미국에서 온 한 선교사가 일어서서 자기는 하나님이 미얀마에 있는 그들의 친구가 그 집회에 참석하기를 원하신다는 것을 믿는다고 말했다.

이 나이 많은 선교사가 기도를 시작했을 때 아무도 말하는 사람이 없었다. 그는 사탄을 묶기 시작했다. 그 다음에 그는 하나님이 비자 발급의 책임을 맡은 관리의 마음을 바꾸어 주시기를 간구했다. 그는 약 20분간 기도한 후 자리에 앉았다. 몇 분간 더 침묵이 흐른 후에 집회가 재개되었다.

약 한 시간 반 후에, 부엌에서 한 여성이 누군가가 미얀마에서 막 전화를 했다는 사실을 알리기 위해 집회 장소로 달려왔다. 그것은 오우안 레이가 방금 출국허가를 받았다는 전화였다. 미국에서 온 선교사는 엘리야처럼 하나님의 마음을 움직이는 권위 있는 기도를 하는 방법을 알고 있었던 것이다.

하나님의 약속에 대한 간청

하나님이 성경에 응답받는 기도에 대해서 말씀하신 모든 약속들을 생각해 보라. 우리는 날마다 그 약속에 근거하여 얼마나 간구하고 있는가? 그보다도 우리는 우리가 필요한 것과 우리의 문제에 대해서 불평한다. 우리는 하나님의 보좌 주위를 발끝으로 걸으며 우리가 실제로 원하는 것을 구하기를 두려워한다. 우리는 그분이 해주실 것이라고 말씀하신 것에 근거해서 그분께 나아가지 않는다. 그보다도 우리는 유약하여 무서워 떨며 나아간다.

그러나 성경에 따르면, 우리는 담대하게 나아가야 한다(히 4:16). 우리는 기도의 장소를 떠날 때, 하나님의 응답을 기대하여야 한다. 하나님은 우리가 두려움과 의심의 자세로 다각적으로 검토하면서 우리가 구하는 것에 대해서 그분이 무슨 일을 하실 것인가를 의심하는 것을 원치 않으신다. 그분은 우리들에게 두려워하는 마음이 아니라, 능력의 마음을 주셨다(딤후 1:7). "우리에게 있는 대제사장은 우리의 연약함을 동정하지 못하실 이가 아니요 모든 일에 우리와 똑같이 시험을 받으신 이로되 죄는 없으시니라 그러므로 우리는 긍휼하심을 받고 때를 따라 돕는 은혜를 얻기 위하여 은혜의 보좌 앞에 담대히 나아갈 것이니라"(히 4:15-16). 그리스도는 하나님과 우리의 사이에 중보자이시다. 우리는 우리 자신의 의가 아니라, 그리스도의 의에 근거하여 하나님께 나아간다. 그러므로 우리는 그리스도께서 행하신 것과 같은 권위를 가지고 하나님 아버지께 나갈 수 있다. 이것이 우리가 담대하게 권위 의식을 가지고 하나님께 나아갈 수 있는 이유이다. 그리스도 안에 있는 우리의 지위 때문에, 우리는 하나님이 우리의 기도를 응답해 주실 것이라는 믿음으로, 권위를 가지고 기도할 수 있다.

여호사밧의 실례

권위를 가진 기도에 대한 또 하나의 적합한 실례를 검토해 보자. 여호사밧은 큰 무리가 하나님의 백성을 포로로 잡아가기 위해서 바다를 넘어서 그에게 다가오고 있다는 소식을 막 들었다. 성경은 여호사밧이 두려워 나라 전체에 금식과 기도를 선포했다고 말씀한다. 절망과 두려움 속에서 그는 주님께 울부짖었다. 본질적으로 그는 이렇게 기도했다 "오 하늘의 하나님이시여 당신은 땅위에 모든 나라를 다스리시는 분이 아니시나이까? 우리는 능력도 없나이다. 우리는 힘도 없나이다. 우리가 할 수 있는 모든 것은 우리의 관심을 당신께 집중하는 것이나이다"(대하 20:6-12 참조). 하나님은 여호사밧의 기도를 들으셔서 적들이 서로 죽이도록 하셨다.

엘리야와 여호사밧은 하나님께 영광을 돌리게 해달라고 간구하면서 하나님께 두려움 없이 담대하고 용감하게 나아 간 사람들의 두 가지의 분명한 실례이다. 그러나 우리는 얼마나 자주 우리 자신의 무능력하고 무력한 마음에 집중하면서 하나님께 나아가는가? 우리는 이렇게 말한다. "오 주님, 당신은 내 필요한 것을 아시나이다. 나는 당신이 내 필요한 것에 대해서 무엇인가를 하시기를 원하나이다." 그것은 권위를 가진 기도가 아니라, 패배의 기도이다.

우리 안에 있는 하나님의 능력과 권위

권위를 가진 기도는 하나님의 뜻을 무시하고 우리의 방법을 요구하면서, 당당하게 그분께 나아가는 것을 의미하지 않는다. 권위라는 개념은 완전히 다른 것을 의미한다. 그리스도께서는, "하늘과 땅의 모든 권세(저자가 사용한 흠정역은 '권능'으로 번역되어 있음: 역주)를 내게 주셨으니"라고 말씀하셨다(마 28:18). 여기서 '권세'(엑수시아- exousia)에 사용된 그리스어는 그리스도께서 방해를 받지 않고 그분이 하고 싶으신 대로 하실 능력과 자유를 가지고 계시다는 것을 의미한다. 그분은 권세를 사용하실 무한한 능력과 무한한 자유를 가지고 계신다.

"성령이 너희에게 임하시면 너희가 권능을 받으리라"(행 1:8). 이 구절에서 사용된 말은 '엑수시아'(exousia)와 다른 그리스어 '두나미스'(dynamis)에서 나왔다. '두나미스'는 예수 그리스도의 이름으로 무엇인가를 생기게 하는 하나님의 초자연적인 능력을 가지고 있는 것을 의미한다. 그리스도께서는 하나님의 무한한 능력을 가지고 계시는, 반면에 우리는 그분의 뜻의 성취와 관련된 하나님의 능력을 가지고 있다. 그러므로 그리스도께서 제자들을 파송하실 때(마 28장), 제자들은 자신들에게 필요한 모든 능력을 주께서 주실 것이라는 확신을 가지고 나아갔다. 그리스도께서는 하늘과 땅의 모든 능력을 가지고 계시므로, 그분은 그와 같은 능력을 그들에게 주실 수 있다. 두 가지 유형의 능력이 누가복음 9장 1절에 언급되어 있다. "예수께서 열두 제자를 불러 모으사 모든 귀신을 제어하며 병을 고치는 '능력'[두나미스-dynamis]과 '권위' [엑수시아-exousia]를 주시고." 그분은 제자들에게 하나님의 뜻을 실행할 신적인 능력을 주셨다. 그들이 사역할 이 시점에서, 제자들은 하나님이 그들에게 위탁하신 일을 수행할 능력을 받았다. 그러나 능력을 갖는 것만으로는 충분하지 않다. 그들은 권위, 또는 모든 귀신들을 제어하고 병을 고치는 능력이 있는 그들의 지위를 주장할 권리를 가져야 했다. 그리스도께서 그들에게 이 권리를 주셨다.

하나님이 우리에게 사명을 맡기실 때, 그분은 항상 그 일을 위해서 우리에게 필요한 것을 갖추게 하신다. 하나님은 항상 우리가 필요한 것이 생기기전에 우리에게 필요한 것을 예비하신다. 우리의 문제는 그분이 우리에게 사용하도록 하신 능력과 권위를 적용하지 않는다는 것이다. 그 결과, 우리의 기도생활은 응답이 없고 헛수고가 된다. 이런 헛수고는 우리가 우리 자신의 능력이 아닌, 하나님의 능력으로 하나님의 일을 할 때까지 계속 될 것이다.

하나님은 이 세상 사람들이 알 수 없는 대부분의 기적적이고 초자연적인 능력을 모든 믿는 사람들의 손에 맡기셨다. 그럼에도 불구하고 우리는 여전히 힘이 없는 생활을 하고, 힘이 없는 기도를 드리고, 힘이 없이 일을 한다. 그 결과, 교회는 힘이 없다. 교회가 힘이 없기 때문에, 나라도 힘이 없다. 우리는 그분이 우리에게 주신 능력과 권위(하나님의 일을 하도록 우리에게 권리와 역량으로 맡기신 능력과 권위)를 구하면서 그분께 나아가기를 배울 때까지, 하나님이 단체나 개인으로 완수하기를 원하시는 것을 결코 완수하지 못할 것이다. 이 권위는 하나님께 압력을 가하는 면허증으로 우리들에게 주신 것이 아니다. 엘리야와 여호사밧의 기도를 살펴볼 때, 우리는 그들이 마음속에서 우러나오는 겸손한 마음으로 하나님께 나아갔다는 것을 알 수 있다. 그들은 도도하게 나아간 것이 아니라, 담대하게 나아갔다. 만일 우리가 권위를 가지고 기도하기를 원한다면, 겸손이 절대적으로 필요하다. 겸손은 우리가 누구이며 우리가 무엇을 할 수 있는지에 대해서 하나님의 생각과 일치하는 것을 의미한다. 겸손은 우리가 "하나님이 무엇을 하실 수 있는가?"라고 말하는 우리의 사고방식을 버리는 것이다. 실제로 우리의 처지에 하나님이 개입하여 주시도록 자포자기 상태에서 울부짖는 것이다.

우리가 하나님이 자유롭게 역사하시는 효과적인 기도를 하려면, 권위를 가진 기도가 절대적으로 필요하다. 권위가 없는 기도는 절박함이 없어서, 사탄이 우리에게 기도를 미루도록 하는 것을 묵인하게 된다. 절박함이 없으면 우리는 기도하고 싶은 마음을 잃어버린다. 하찮은 사소한 일이 기도를 그만두게 하는 핑계거리가 된다. 절박함이 없으면, 우리의 마음이 쉽게 엇갈린다. 당신은 무의미하고 마음에 없는 말이 천장에도 미치지 못한다는 느낌을 몇 번이나 받아보았는가? 절박함이 없는 기도는 사탄에게 우리의 기도를 완전히 혼란시켜서 정신을 집중하지 못하게 하는 데 필요한 발판을 마련해 준다.

기도 - 우리의 영적 전쟁터

사탄은 왜 우리의 기도생활을 실패하게 하는데 가장 큰 우선권을 두는가? 바울 사도는 이렇게 말했다. "우리의 씨름은 혈과 육을 상대로 하는 것이 아니요 통치자들과 권세들과 이 어둠의 세상 주관자들과 하늘에 있는 악의 영들을 상대함이라"(엡 6:12). 그리스도인으로서, 우리는 영적인 전투 중에 있다. 사탄이 우리에 대해서 초조해하는 유일한 시간은 우리가 이 전투에 참가할 때이다. 우리가 하는 다른 어떤 일도 사탄에게 별로 위협이 되지 못한다. 사탄은 실제적인 전투는 우리의 무릎으로 수행된다는 것을 알고 있다. 기도는 사탄이 가장 두려워하는 무기이다. 그러므로 사탄의 가장 큰 공격에 맞서는 것은 기도이다. 사탄을 가장 효과적으로 공격하는 것은 우리의 무릎으로 하는 것이다. 따라서 사탄의 가장 맹렬한 공격에 담대하게 맞서는 것은 우리의 무릎이다.

예전에 내가 기도하기 위해 무릎을 꿇을 때마다 잠이 들었던 때가 있었다. 평소 잠을 충분히 잤느냐 하는 것과는 관계없이, 기도만 하면 졸음이 쏟아져 깨어있을 수가 없었다. 잠을 깨기 위해 별의별 방법을 다 써보았지만, 아무 소용이 없었다. 공부할 때는 문제가 없었지만, 푹 자고 일어났을 때조차도 잠에 떨어지지 않고 10분도 기도할 수 없었다.

나는 주님이 나에게 그 문제를 가르쳐 주실 때까지 거의 일 년 동안을 이 문제를 가지고 발버둥을 쳤다. 사탄은 내가 기도하기보다는 오히려 설교하고 공부하기를 바랐다. 사탄은 내가 기도하기보다는 무엇인가 다른 것을 하기를 바랐다. 내가 기도하는 것을 방해하기 위해서, 사탄은 졸음의 영으로 나를 공격했던 것이다. 이 사실을 깨달은 나는 하나님께서 이 졸음의 요새를 파괴하셔서 방심하지 않는 정신으로 바꾸어 주시도록 간구했다. 그러자 문제는 즉시 사라졌다. 졸음과의 싸움은 끝나고, 기도생활의 기쁨을 회복한 나는 다시 한 번 격렬한 전투를 시작했다.

바울 사도는 성도들이 이 영적 전투를 준비하는 방법에 대해서 말한다(엡 6:13-17). 그는 우리가 견고하게 서려면 완전한 갑옷과 투구가 필수적이라는 사실을 확실하게 이해를 시킨다. 바울 사도는 기도는 하나님께 급하게 나아가서 좀 더 빨리 구하는 것 훨씬 이상이라는 것을 알았다. 그는 기도를 전투로 보았다. 따라서 우리 역시 기도를 그런 관점으로 보아야 한다. 영적전투에서 이기고 지는 것은 기도에 달려있다.

그러므로 우리가 기도하는 법을 배우는 것이 절대적으로 필요한 것이다. 사단은 우리가 기도에 집중하는 것을 공격할 뿐만 아니라, 우리의 믿음을 공격한다. 우리가 권위가 없는 기도를 하는 한 의심에 빠질 가능성은 매우 크다. 사탄은 우리의 의심을 더 크게 해서 우리의 믿음을 파괴하려고 그가 가진 능력을 총동원 할 것이다.

사탄은 "너는 그것을 하나님께 구할 수가 없다. 너는 네가 누구라고 생각하느냐? 너는 단지 죄인일 뿐이다. 무엇이 네가 하찮은 문제를 가지고 거룩하신 하나님을 귀찮게 할 수 있다는 생각을 하도록 만드느냐?"라고 말함으로서 우리의 의심을 키운다.

  문제는 우리의 기도에 어떤 권위가 없다면, 우리는 사탄이 주는 생각 때문에 사탄을 책망할 수도 없고 그를 결박할 수도 없다는 것이다. 마찬가지로 교회 권위를 가진 기도로 하나님의 능력과 권위를 되찾지 않는다면, 사탄의 공격에 무기력할 것이다. 어떻든 간에 사탄은 교회가 우세한 능력 없이 소극적으로 지옥의 문으로 들어가면서, 과거세대에 했던 방식대로 계속하는 것을 좋아할 것이다. 그러나 이것은 우리 자신의 탓이다. 우리는 영적으로가 아니라, 육적으로 이 싸움을 하려고 한다. 우리는 영적인 능력 없이 싸우고 있다. 따라서 우리는 패배하고 있는 것이다. 사탄은 우리가 얼마나 많이 예배에 참석하고 우리가 얼마나 많은 찬양을 하느냐에 관심을 갖지 않는다. 사탄은 우리의 조직이나 또는 우리의 무대 효과 장치에 위협을 느끼지 않는다. 그러나 하나님의 백성들이 무릎을 꿇고 그리스도의 능력과 권위를 주장할 때, 하늘에 있는 모든 것이 움직이기 시작하고, 따라서 지옥에 있는 모든 것이 흔들리기 시작할 것이다.

우리의 관계성

만일 우리가 권위 의식을 가지고 하나님께 나아가려고 한다면 다섯 가지 전제 조건이 있다. 첫째, 우리는 그분의 아들 예수 그리스도를 통해서 하나님과 참된 인격적인 관계를 가져야 한다. 우리의 권위는 그리스도 안에서 주어진 우리의 지위에 근거하고 있으므로, 우리가 그분의 권위를 받으려면 그리스도 안에 있어야 한다. 그러므로 구원은 첫 단계이다.

하나님의 생각

둘째, 우리는 하나님의 생각을 알아야 한다(고전 2:11-12). 이것은 하나님이 우리들에게 성경을 주신 주요한 이유 가운데 하나이다. 성경은 우리의 말로 하나님의 생각을 우리에게 보여 준다. 우리가 성경에 마음을 흠뻑 적시면 적실수록 우리는 더 하나님과 같은 생각을 하게 될 것이다. 그분의 모든 생각의 관점이 우리의 관점이 될 것이다. 그분의 심정이 우리의 심정이 될 것이다. 그러면 우리가 그분의 뜻을 아는 것이 더 쉬워진다. 따라서 우리가 권위를 가진 기도를 하려면 그분의 뜻을 아는 것이 반드시 필요하다. 왜 그런가? 만일 우리가 무엇인가에 대해서 하나님의 뜻대로 기도하고 있다는 것을 알고 있다면, 그분이 그것을 응답하시는 것은 단지 시간의 문제라는 것 또한 알 수 있기 때문이다. 우리가 기도하는 중에 그분의 뜻을 아는 것은 그분이 우리의 편이라는 확신을 준다.

가끔 우리는 성경에 답이 없는 것처럼 보이는 문제에 빠진다. 어떤 상황과 문제는 너무 유례가 없어서 성경에서도 답이 없을 것 같은 생각이 든다. 우리는 다른 자료의 도움을 받을 필요가 있다고 생각한다. 그러나 유례가 없는 문제는 없다. 어딘가에, 누군가는 비슷한 상황과 같은 원칙을 필요로 하는 상황에 빠져 있다. 성경에서 하나님은 우리들에게 우리가 직면하는 어떤 상황을 처리하는 데 있어서 기본적인 원칙을 주셨다. 그러나 그분이 말씀하신 것을 찾기 위해서 성경을 자세히 살피는 것은 우리의 책임이다.

하나님이 우리들에게 말씀하시는 다른 방법은 성경의 인물의 기도를 통해서 말씀하시는 것이다. 당신의 개별적인 문제 또는 절박한 요구에 맞는 기도를 성경에서 찾아내 당신 자신의 말로 그 기도를 옮겨라. 그리고 나서 하나님이 그 기도를 했던 사람들의 삶 속에서 어떻게 응답하셨는가를 살펴보라. 그것은 솔로몬처럼 지혜를 구하는 기도가 될 수도 있고, 또는 여호사밧의 경우처럼 도움을 구하는 울부짖음이 될 수도 있다.

그리고 그런 사람들이 필요한 것을 채우셨던 동일하신 하나님이 당신이 필요한 것 역시 채우실 수 있다는 것을 기억하라.

열쇠는 하나님의 뜻대로 기도하는 것이다. 그분의 뜻을 알기 위해서 우리는 그분의 생각을 알아야 한다. 그분의 생각을 알기 위해서 우리는 우리의 마음을 그분의 말씀에 흠뻑 적셔야 한다. 그렇게 할 때 우리는 우리의 기도 가운데서 하나님의 권위를 체험하기 시작할 것이다.

순수한 마음

셋째, 만일 우리가 권위를 가진 기도를 하려면 순수한 마음을 가져야 한다. 우리의 생활 속에 우리가 알지 못하는 죄가 있을 수 있다. 죄는 갈라진 충성심을 의미한다. 하나님은 그분의 뜻에 완전히 굴복하지 않는 어느 누구에게도 그분의 권위와 능력을 맡기지 않으실 것이다. 그러나 우리가 죄를 지었을 때, 우리는 고백하고 회개해야 한다. 우리는 단지 하나님의 능력을 회복하는 것이 아니라, 죄에 대해서 후

회하고 슬퍼하는 순수한 마음을 되찾아야 한다. 어느 날 오후 한 부부가 결혼 생활에 대한 상담을 하기 위해서 나를 만나러 왔다. 그들의 상황을 들어보니 그것은 아내가 사탄의 억압으로 고통을 받고 있는 것이 분명했다. 나는 그들의 문제에 대한 나의 견해를 말했고, 그 아내에게서 악령을 쫓아내고 그녀를 보호하기 위한 기도를 해도 될지를 물었다. 그들은 곧 둘 다 동의했고, 우리는 함께 기도했다.

3일 후에 남편이 전화를 해서 나에게 상황이 전보다 더 나빠졌다고 말했다. 그의 아내가 변화가 없는 것 같아서 그들은 둘 다 실망했던 것이다. 나는 매우 난처해졌다. 나는 "왜 하나님께서 나의 기도에 응답하지 않으셨을까?" 하는 생각에 골몰했다. 성경을 묵상하기 시작했을 때, 하나님은 내가 처리하지 않았던 불순종의 분야를 나의 마음에 상기시키셨다. 나는 이 죄가 그 여성의 삶으로부터 사탄을 결박하려는 나의 능력과 권위를 무효화시켰다는 것을 깨달았다. 나는 주님과 당면 문제를 곧바로 해결하고 별도의 상담기간에 그 부부를 회복시키기 위해서 다시 불렀다. 우리는 다시 기도했고, 기적적인 변화가 일어났다. 그녀의 괴상한 행동이 즉시 멈추었고, 억압은 풀렸으며, 안색이 밝아졌고 남편과의 관계가 회복되었다. 하나님은 나 자신의 삶의 문제를 처리하고 나서야 비로소 나를 통해 그녀에게 역사하셨던 것이다.

종종 사탄은 우리가 기도할 때 우리를 대적하기 위해서 죄를 이용하려고 한다. 이것이 우리가 일단 죄를 고백하면 다시는 그 죄를 기억해서는 안 되는 이유이다. 사탄은 우리가 죄의식을 갖고 보잘것없는 인간으로 생활하기를 원한다. 그러나 우리를 아버지께 나가도록 하는 것은 그리스도의 의이다. 이 의는 믿음에 근거한 하나님께로부터 나오는 의이다(빌 3:9). 따라서 일단 죄가 완전히 해결되면, 우리는 그 죄를 잊어버려야 한다.

순수한 동기

넷째, 우리가 권위를 가진 기도를 하려면, 순수한 동기가 필요하다. 엘리야가 어떤 말을 했는지 기억하는가? "주여, 당신은 내가 이것을 행한 이유를 아시나이다. 나는 당신의 종이나이다, 나는 당신의 말씀대로 이 모든 일을 행하였나이다." 우리가 하늘의 아버지께 나아갈 때, 우리는 우리의 동기가 순수하다는 것을 우리의 마음속에서 알아야 한다. 우리는 성경을 부적절하게 표현해서 우리 자신의 욕망에 따른 기도를 하는 것이 아니라, 하나님의 뜻대로 기도해야 한다.

그렇다고 해서 모든 개인적인 기도가 이기적인 것은 아니다. 열쇠는 우리가 기도를 시작하기 전에 우리의 삶을 하나님께 헌신하는 것이다. 그런 식으로 하면 우리는 우리가 구하고 있는 어떤 것보다 더 우선하여 하나님의 뜻을 원할 것이다. 하나님이 우리가 그 무엇보다도 하나님의 뜻이 이루어지기를 원한다는 것을 아실 때, 하나님은 우리에게 자신의 능력을 맡기실 수 있다. 그러나 우리가 이기적인 동기를 가지고 기도하는 한, 우리는 그분의 능력을 맡을 수 없다.

불변의 확신

다섯째, 우리는 하나님의 신실하심에 대한 불변의 확신이 있어야 한다. 이것은 그분의 말씀의 일관성이 우리의 기도의 일관성에 반영되어야 한다는 것을 의미한다. 우리는 응답을 경험할 때까지 기도해야 한다. 만일 우리가 하나님의 뜻대로 기도하고 있다는 것을 확실하게 믿는다면, 왜 응답을 경험하기 전에 기도를 중지 하는가? 우리는 흔히 한동안 열렬히 기도를 하다가는 흥미를 잃어버리고 이렇게 말한다. "분명히, 나는 그것이 하나님의 뜻이 아니라고 생각한다." 이것은 우리의 간구의 부족에 대한 변명인 것이다. 만일 우리가 권위를 가진 기도를 하려면, 우리는 승리를 경험할 때까지 계속 전투를 해야 한다.

  권위를 가진 기도는 우리가 하나님과 효과적으로 대화하는 방법을 배우려고 할 때 적용해야 할 기본적인 진리이다. 권위를 가진 기도는 그리스도께서 갈보리에서 이미 대가를 지불하신 것에 대한 권리를 주장하는 문제이다. 우리가 하나님이 주신 권위를 가지고 기도할 때, 우리는 우리의 기도가 사람들의 운명을 결정짓는 효과적인 도구가 되는 것을 경험하게 될 것이다. 우리는 우리의 삶과 우리의 주위의 사람들의 삶이 변화되는 것을 볼 것이다. 그분은 권위를 약속하셨다. 이제 우리는 하나님이 주신 권위가 우리의 삶의 일부분이 되도록 하기 위해서 필요한 댓가를 치를 것인지, 또는 댓가를 치루지 않을 것인지를 결정해야 한다.

03
기도와 금식

사람에게 보이려고 그들 앞에서 너희 의를 행하지 않도록 주의하라
그리하지 아니하면 하늘에 계신 너희 아버지께 상을 받지 못하느니라
또 너희는 기도할 때에 외식하는 자와 같이 하지 말라
그들은 사람에게 보이려고 회당과 큰 거리 어귀에 서서 기도하기를 좋아하느니라
내가 진실로 너희에게 이르노니 그들은 자기 상을 이미 받았느니라
금식할 때에 너희는 외식하는 자들과 같이 슬픈 기색을 보이지 말라
그들은 금식하는 것을 사람에게 보이려고 얼굴을 흉하게 하느니라
내가 진실로 너희에게 이르노니 그들은 자기 상을 이미 받았느니라
너는 금식할 때에 머리에 기름을 바르고 얼굴을 씻으라
이는 금식하는 자로 사람에게 보이지 않고
오직 은밀한 중에 계신 네 아버지께 보이게 하려 함이라
은밀한 중에 보시는 네 아버지께서 갚으시리라

(마태복음 6:1, 5, 16-18)

내가 신학교 3학년 과정을 시작할 때, 노스캐롤라이나에 있는 한 작은 교회의 설교 위원회에서 나에게 그들의 목사가 되어달라는 요청을 해왔다. 나는 또한 교회 근처에 있는 성경학교에서 교수직도 제안 받았다. 교회는 나에게 목사로 섬기는 동안 성경학교에서 가르치는 것을 허락했다. 그러나 나는 목사로 시무해 본적이 없기 때문에 착잡한 기분과 동시에, 극도로 불안하고 두려운 감정이 들었다. 아내와 나는 우리앞에 있는 기회에 대해서 기도하고 서로 의논할수록, 나의 부정적인 목록은 매일 늘어만 갔다. 교인들은 나를 일곱 달이나 기다려야 했다. 그때까지 그들은 더 적당한 사람이 있는지 알아 볼 수도 있었을 것이다.

나는 목회자가 부딪치는 실제적인 문제에 대해서 전혀 몰랐다. 더욱이, 나는 성경학교에서 공부하는 목사들이 미숙한 신학대학원생이 그들에게 설교학(설교준비), 설교(설교전달), 그리고 전도에 대해서 가르치는 것을 귀담아 듣지 않을 것이라는 느낌이 들었다.

나는 오락가락했다. "그래, 그것은 하나님의 뜻일 수 없어." "아니야, 그것은 그분의 뜻임에 틀림없어. 내가 구한 적이 없는 일이잖아." 몇 주 동안 나의 믿음은 흔들렸다. 나는 지적으로, 감정적으로, 그리고 육체적으로 지쳐만 갔다. 나는 주님께로부터 분명한 지침을 받지 못했다.

그러던 어느 날 아침, 나는 다니엘서를 읽고 있었다. 9장을 읽기 시작했을 때, 내 속에 소망이 부풀어 올랐다. 나는 하나님의 뜻을 확실하게 아는 방법을 찾아냈다는 것을 알았다. 만일 하나님이 다니엘이 금식한 것을 받아들이셨다면, 내가 금식하는 것을 왜 받아들이지 않으시겠는가?

나는 금식을 해 본적이 없었다. 나 자신을 돌이켜 보니, 금식이 필요하다는 생각을 한 번도 해본 적이 없다는 것을 깨달았다. 그러나 그때 나는 하나님의 분명한 지침이 꼭 필요했다.

3일 동안 금식하고, 고백하고, 듣고, 그리고 하나님의 말씀을 자세히 살핀 후에, 나는 그 부르심이 그분의 성스러운 지시라는 것을 분명하고, 간결하게, 그리고 충분히 확실하게 느꼈다.

이듬해 6월에 우리는 언제까지나 나의 일생에 중요한 사건이 될 손에 땀을 쥐게 하는 사역을 위해서 노스캐롤라이나 푸루트랜드(North Carolina Fruitland)로 이사했다. 이는 내가 금식에 대한 성경적인 원리를 실천하도록 보여주는 사역에 대한 부르심이었다.

역사

역사상 하나님에 대한 새로운 갈망은 금식에 대한 새로운 관심을 불러 일으켰다. 그것은 율법 제정자 모세, 다윗 왕, 선지자 엘리야, 그리고 선견자 다니엘과 같은 구약 시대의 성도들에게도 해당되었다.

요한 칼빈(John Calvin), 마틴 루터(Martin Luther), 그리고 요한 낙스(John Knox)와 같은 종교 개혁자들도 금식을 실천했다. 역시 요나단 에드워드, 요한 웨슬리(John Wesley), 그리고 찰스 피니(Charles G. Finney)와 같은 부흥사들도 금식을 실천했다.

오늘날 성령에 대한 새로운 갈망은 다시 한 번 잠자는 교회를 깨우기 시작하고 있는 증거이다. 원래대로 금식의 실천에 대한 관심도 커지고 있다.

금식의 정의

첫째, 금식에 대한 용어의 정의를 내려보자. 금식은 자기부정이나 절제 이상이다. 금식은 둘 다를 포함하는 것이다. 금식은 마음속으로 영적인 목적을 가지고 음식 따위를 절제하는 것이다. 또한 하나님과 우리의 영적인 교제를 가로막는 것은 무엇이든지 절제하는 것이다.

성경에 따르면, 금식은 여러 가지 방식이 있다. 첫째, 모든 음식을 절제하는 것을 의미하는 절식이 있다. 그리스도께서 세례를 받으신 후 행하신 금식이 이에 속한다(눅 4:2). 둘째, 절대적인 금식인데, 이것은 먹는 것뿐만 아니라, 마시는 것도 절제하는 것을 의미한다. 이것은 에스라가 포로 중에 하나님의 백성들이 신실하지 못한 것을 보고 탄식하며 했던 금식과 같은 것이다(스 10:6). 금식 기도의 세 번째 형태는 결혼한 배우자들이 성관계를 절제하기로 서로 동의하는 것이다. 이것은 결혼한 사람들에 대한 바울의 권고와 관련이 있다(고전 7:3-6).

마태복음 6장에서, 그리스도께서는 기도와 구제, 그리고 금식에 대해서 말씀하신다(1-18절). 주님은 우리가 금식에 대한 우리의 동기를 검토해야 한다는 것을 강조하신다. 우리는 우리 자신에게 물어보아야 한다. "왜 내가 금식을 하고 있는가?" 우리는 다른 사람들에게 보이려고 금식을 해서는 안 된다. 우리는 외식하는 사람들처럼 공개적으로가 아니라, 은밀하게 기도해야 한다. 우리는 우리가 얼마나 구제했느냐를 아무도 모를 정도로 해야 한다. 따라서 우리는 금식할 때, 우리와 주님 사이의 비밀을 지켜야 한다.

기도, 구제, 금식은 개인적인 예배 행위이므로 은밀하게 행해져야 한다. 우리는 세상의 칭찬을 열망하는 것이 아니라, 하나님에 대한 사랑으로 기도하고, 금식하고 구제해야 한다. 만일 우리가 세상의 칭찬을 받기 위해서 기도하고 구제하고 금식한다면, 세상의 칭찬이 우리가 받을 모든 축복이 될 것이다.

그리스도께서는 우리 자신을 나타내지 말라고 말씀하신 것이 아니라, 기도와 금식 그리고 구제가 확실한 예배의 형태가 되어야 한다고 말씀하셨다. 이것이 우리가 교만에 빠져서 스스로를 다른 그리스도인들과 비교하는 것으로부터 우리를 지켜 줄 것이다.

성경은 도처에, 기도의 보조 수단으로 금식을 언급하고 있다. 모세는 십계명을 받기 전에 금식하고 기도했다(출 34:28). 다윗은 아버지와 그의 자신의 관계를 돈독하게 하기 위해서 금식했다(시 69:10).

이스라엘 민족이 공격을 받고 있을 때, 지도자들은 백성들에게 금식과 기도로 하나님이 그들의 문제에 개입하시도록 간구하라고 공포하곤 했다(대하 20:3). 다니엘은 이스라엘 백성들이 바벨론 포로에서 예루살렘으로 귀환할 시기에 대한 하나님의 예정을 분별하기 위해서 금식하고 기도하면서 장기간을 보냈다(단 9:3). 요나를 통해서 하나님의 경고를 들은 후, 니느웨 백성들은 금식하고 기도했고 하나님은 심판을 철회하셨다(욘. 3:5).

예수님은 세례를 받으신 후 금식하고 기도로 아버지의 뜻을 찾으면서 40일을 보내셨다(눅 4:1-2). 신약 교회가 시작되었을 때, 성도들도 금식하고 기도했다. 바울과 바나바는 파송을 받기 전에 금식하고 기도했다(행 13:2-3).

성경은 시종일관 하나님이 그분의 백성들에게 금식과 기도를 명령하셨다고 말한다. 따라서 사람들이 금식과 기도를 할 때 마다, 하나님은 그들이 필요한 것을 채우시기 위해서 그들에게 필요한 것이 무엇이든지 그분의 초자연적인 능력을 행하셨다. 그것이 지혜든지 또는 적을 타도하는 것이든지, 하나님은 항상 정확하게 미리 준비하셨다.

하나님이 이와 같이 성경에 나오는 사람들의 금식 기도를 대단하게 받아들이셨으므로, 우리도 그들과 같이 금식을 우리의 삶의 일부분으로 삼아야 한다. 그러나 만일 우리가 금식을 우리의 기도와 효과적으로 결합하려고 한다면, 다음의 네 가지 원리를 알아야 한다.

순종

우선 첫째로, 금식하는 것이 하나님께 복종해야 하는 우리의 책임을 부정하는 것은 아니다. 우리는 우리의 삶 속에 이미 알고 있는 죄가 있을 때 하나님이 축복하시기를 기대하면서 금식과 기도를 할 수 없다. 금식은 하나님이 우리의 죄를 모른 체 하시도록 우리의 영성으로 하나님을 감동시키시는 것이 아니다. 반대로, 마음에서 우러나오는 금식은 모든 것이 그분께 타당한지를 확인하도록 하기 위해서 언제나 우리의 마음을 점검하게 할 것이다.

만일 하나님이 우리가 금식하는 동안 우리의 삶 속에서 어떤 죄를 드러내신다면, 우리는 그분이 요구하시는 것이 어떤 종류이든지 그것을 처리해야 한다. 이것은 우리가 실족하게 한 누군가에게 적절한 행위를 할 때까지 우리의 기도를 방해하는 방해물을 의미할 수도 있다. 또는 언젠가 갚아야하는 배상에 대한 약속을 의미할 수 도 있다. 요점은, 하나님이 우리의 죄를 드러내기 위해서 우리에게 금식하도록 하실 수는 있지만, 우리의 죄를 덮기 위해서 우리가 금식을 이용해서는 안 된다는 것이다.

욕구의 억제

두 번째 원리는 금식이 우리의 육체의 욕구를 성령의 지배 아래 있게 하는 것이다. 우리 모두는 욕구 또는 충동이 있다. 배고픔의 욕구, 성적인 욕구, 감정적인 욕구, 칭찬받고 싶은 욕구 등이 있다. 하나님은 우리들에게 그분의 말씀의 범위 안에서 이런 욕구를 채우도록 주셨다. 그러나 우리가 전심으로 그분을 찾기 위해서 이런 욕구들을 채우는 것을 물리쳐야 할 때가 있다. 우리가 이렇게 할 때, 우리의 강렬한 욕망이 아버지와 교제를 방해하지 않는 단계까지 도달한다. 그러면 우리는 그분과 더 솔직하게 대화하고, 그분의 말씀을 더 주의 깊게 귀담아 들을 수 있다.

이러한 욕구와 충동은 흔히 악하다고 생각하지만, 악한 것이 아니다. 그 것은 하나님의 선물이다. 그러나 남용된다면, 불행의 씨앗이 될 수 있다. 이것이 이러한 욕구들이 하나님을 위한 우리의 소원에 계속 복종하게 하여야만 하는 이유이다. 우리의 욕구는 우리들을 섬기도록 하기 위해서 주어졌다. 그러나 균형을 벗어날 때, 우리는 욕구의 포로가 된다. 금식함으로 인해 우리는 하나님이 원래 의도하셨던 균형을 회복할 수 있다.

목사로서 나는 그들의 욕구의 포로가 된 많은 사람들을 상담한다. 가장 흔한 문제는 성욕 문제였다. "저는 덫에 걸렸어요. 저를 도와주세요. 제가 무슨 일을 할지 두려워요." 통제 밖에 있는 욕구, 즉 이성의 육체에 대한 욕망의 덫에 잡힌 성도들의 솔직한 외침이다.

대개 그런 속박에서 벗어나기 위해서는 성경을 읽는 것 이상이 필요하다. 사고방식이 바뀌어야 하고 마음이 새로워져야 한다(롬 12:1-2). 성적인 충동이 성령의 권위 아래 있도록 해야 한다. 금식은 이런 변화를 초래하는 하늘이 내린 보조 수단이다.

어느 날 오후 한 젊은이가 울면서 나의 사무실로 들어왔다. 그는 나에게 그의 정욕과의 길고 효과가 없는 싸움에 대해서 말했다. 그는 싸움에서 이기기 위해서 알고 있는 모든 것을 시도해 보았지만, 아무 것도 얻지 못했다.

대화를 나누면서, 나는 그에게 3일 동안 금식을 하도록 권했다. 그리고 기도하고 성경을 읽으며 시간을 보내라고 말했다. 그는 기도해야 한다. "오 주여, 나를 도와주세요."라고 기도하는 것이 아니라 오히려 순간순간 그가 얻고 있는 승리에 대해서 하나님을 찬양하고 그분께 감사하는 기도를 해야 한다. 그는 긍정적인 기도를 해야 한다.

그는 성경으로 마음을 채워야 한다. 그는 특별히 그의 문제를 다루는 성경 구절을 읽어야 한다(살전 4:1-7, 갈 5:16-17, 골 3:5). 그는 또한 그의 삶 속에서 하나님의 임재와 능력을 확신시켜 주는 성경 구절을 묵상해야 한다(시 57:1-2). 그렇게 한 후에 이어서 3주 동안 일주일에 하루씩 금식하도록 권했다. 그리고 그 후에 다시 이야기하자고 말했다.

한 달 뒤, 그는 나를 다시 찾아왔다. 금식은 정말로 그에게는 몸부림이었다. 그는 "특히 첫날에는 매 순간 포기하고 싶은 유혹을 받았어요 하지만 둘째 날 저녁 즈음에, 극복이 가능하다는 것을 알았어요"라고 말했다. 이 기간 동안 그는 유혹이 그친 것은 결코 아니지만, 정욕으로

부터 완전한 자유를 체험했다고 말했다.

이 젊은이는 홀가분하게 나의 사무실 밖으로 걸어 나갔다. 그는 하나님이 그에게 행하신 것을 상기하기 위해서 한 주일에 하루씩 금식을 계속하기로 결정했다. 지금 그의 기도는 당연히 찬양과 감사로 넘칠 것이다. 왜냐하면 하나님이 그를 속박에서 구해 주셨기 때문이다.

당신의 생활 속에서 하나 또는 두 가지의 욕구가 균형에서 벗어나 있는가? 당신은 욕구와의 싸움을 이길 수도 있으나 패할 때도 있을 것이다. 그러나 이런 상황이 나타나서는 안 된다. 만일 당신이 모든 욕구를 성령의 통제아래 맡기도록 하나님께서 당신을 돕도록 한다면 완전히 승리를 얻을 수 있다. 욕구를 충족시키는 충동이 일어날 때, 그 욕구로부터 자유로울 수 있다는 것을 깨달을 것이다. 당신이 한 번도 생각하지 못했던 그런 자유 말이다.

성령의 통제

세 번째 원리는 금식이 우리의 마음, 뜻, 그리고 감정을 성령의 통제 아래 두도록 돕는다는 것이다. 금식은 우리들에게 더 분명하고 더 민첩한 판단을 하게 한다. 결과적으로 금식하는 동안 하나님의 임재에 대한 새롭고 끊임없는 자각이 일어난다. 그분의 임재가 우리의 매일의 일과 중에서조차도 더 분명해진다. 금식하는 동안 우리의 마음은 성령의 일을 분별하는 데 더 민감해진다. 금식은 특히 우리가 큰 결정을 하기 위해서 하나님의 인도하심을 구할 때 중요하다.

예배의 도움

넷째 원리는 금식이 우리가 예배 중에 주님을 찾을 때 엄청나게 큰 도움이 된다는 것이다. 만일 당신과 내가 주일날 교회에 가기 전 토요일에 금식하기 시작한다면, 무슨 일이 일어날까? 만일 온 성도들이 이렇게 한다면 무슨 일이 일어날까? 예배가 진정한 예배가 될 것이다. 사람들이 금식하고 기도하며 하나님을 찾을 때, 그리고 그분이 사람들의 생각과 감정 그리고 활동의 우선순위가 될 때, 그들과 주변의 모든 사람에게 무엇인가 일어나기 시작한다.

예수님이 금식에 대해서 말씀하실 때, 그분은 "만일 너희가 금식한다면"이라고 말씀하시지 않고, "너희가 금식할 때"라고 말씀하셨다. 우리가 금식에 대해서 성경에서 어떤 근거를 찾을 수 있는가?

영적 훈련

금식은 아버지의 일을 위해서 우리의 영혼을 훈련시켜 준다. 예수님은 그분의 사역에 대한 지침을 구할 때가 왔을 때, 금식과 기도로 시간을 보내셨다. 40일 동안 그분은 아버지의 뜻을 찾기 위해서 밤낮없이 영과 몸을 훈련하셨다. 그리스도께서는 세상의 누구보다도 하나님과 친밀하셨지만, 그럼에도 불구하고 전력을 다하는 것이 필요하다는 것을 알고 계셨다.

그분은 금식이 하나님과 사람들의 관계를 절대적인 우선순위가 되도록 하는 단계로 이끌어 준다는 것을 알고 계셨다. 금식은 우리들이 우리 자신을 훈련시키도록 해서, 그 결과 우리를 지적으로나 영적으로 최대의 잠재 능력에 도달 할 수 있는 위치에 놓는다.

많은 그리스도인들은 금식의 필요성을 깨닫지 못하고 있다. 그러나 만일 그리스도께서 금식이 필요하다는 것을 알고 계셨다면, 우리들도 역시 금식이 필요할 것이다. 만일 우리가 최대의 잠재능력에 도달하려면, 하나님이 개인적으로 우리들에게 말씀하시는 것을 알아야만 한다. 이것은 열정적인 기도를 필요로 한다. 금식은 기도를 강하게 해서, 우리가 다른 방법으로는 깨달을 수 없는 영적인 것들을 깨달을 때까지 우리의 영을 가장 깊은 곳에 이르도록 한다.

우리는 "나는 도저히 내가 느끼고 있는 것에 대해서 알 수가 없어요. 나는 그것을 이해할 수 있을 것 같지 않아요"라는 말을 얼마나 많이 했고 또는 다른 사람들이 그렇게 말하는 것을 얼마나 많이 들었는가? 금식은 하나님이 우리들에게 말씀하시려는 이해하기 어려운 문제의 핵심을 우리가 이해할 때까지 우리의 감정, 태도, 경험을 겹겹이 싸고 있는 층을 제거하고 벗겨준다. 금식은 영적인 훈련이다.

하나님의 뜻 찾기

금식은 우리가 하나님의 뜻을 찾도록 돕는다. 당신이 결혼을 하려고 계획하고 있다고 가정해 보자. 당신은 이것이 정말로 하나님의 뜻이라는 것을 확실히 모르지만, 당신은 그것이 하나님의 뜻일 수도 있다고 생각한다. 그래서 당신은 기도했고, 책을 읽었고, 그리고 상담자들과 상담했다. 그러나 당신은 여전히 확실하지 않다.

여기 한 가지 제안이 있다. 하나님의 인도하심을 위해서 금식하고 기도하면서, 하나님 앞에 엎드려서 3일만 보내라. 당신이 무엇을 해야 하는 지를 그분이 말씀을 통해서 보여 주시기를 원한다는 것을 그분께 말씀드려라. 하나님은 이런 방법의 기도에 응답하신다. 당신이 금식하고 기도할 때 그분은 당신의 눈, 당신의 귀, 당신의 마음, 그리고 당신의 영을 맑게 하실 것이다. 당신의 주의력은 그분을 향하게 되고 당신은 이전에 결코 듣지 못했던 것을 하나님께 듣게 될 것이다. 그분의 인도하심은 분명하게 되고, 따라서 당신은 그분의 축복에 대한 완전한 확신을 가지고 그분의 계획을 따를 수 있을 것이다.

다니엘은 이 원리를 깨달았다. 그는 예레미야의 예언을 이해하기 위해서 애를 썼다. 그는 하나님께서 그가 알기를 원하시는 그 무엇이 있다는 것을 알고 있었지만, 그것을 분명하게 알 수가 없었다. 그래서 그는 주님 앞에서 금식하고 기도했다. 그는 하나님이 말씀하시는 것을 알기 위해서 어떤 육체적인 욕구를 채우기를 포기했다.

우리는 우리 스스로에게 물어 보아야 한다. "나는 하나님을 위해서 잠재적인 능력에 이르기를 원하는가? 또는 순조롭게 종교적인 행위를 용케 해낸 것으로 만족하는가? 나는 하나님의 칭찬뿐만 아니라 다른 사람의 박수나 칭찬을 바라는가? 나는 나의 욕구를 채우기를 원하는가, 그렇지 않으면 하나님의 뜻을 성취하기를 원하는가?"

만일 우리가 우리의 일상의 계획을 검토해 본다면, 우리는 우리의 영적인 욕구보다는 오히려 육체적인 욕구를 채우기 위해서 시간을 낭비하고 있다는 것을 깨달을 것이다. 우리는 우리의 일상을 직접 되돌아보고서도 하나님이 말씀하시지 않는다고 불평한다. 그분은 훨씬 멀리 계신 것처럼 보인다. 만일 우리가 하나님이 우리의 삶에 대해서 어떤 지침이나 뜻을 보여 주시기를 원한다면, 그분을 우선순위로 모셔야 한다. 가끔 이것은 우리가 그분께 우리의 주의력을 집중시킬 수 있도록 하기 위해서 우리의 육체적인 욕구를 만족시키는 것을 일시적으로 보류하는 것을 의미한다.

회개의 도움

금식을 하는 또 하나의 목적이 있다. 금식은 종종 개인적인 회개와 고백과 관련이 있다. 예를 들어 당신이 극복할 수 없는 어떤 습관이 있다고 가정해보자. 당신은 당신을 해방시켜 주는 어떤 진리가 있다는 것을 알고 있지만, 아무래도 당신은 도저히 그것을 찾을 수가 없다. 당신은 모든 것을 시도해 보았지만, 그럼에도 불구하고 당신은 여전히 승리를 얻지 못한다.

따라서 당신은 금식을 시작한다. 사탄이 당신에게 효과적이라고 생각하는 모든 것을 가지고 공격하기 때문에 금식 초기에는 악전고투이다. 사탄은 이렇게 말한다. "너는 금식이 정말로 효과가 있을 것이라고 생각하느냐? 너의 가족이 금식하는 것을 어떻게 생각하느냐? 더욱이 네가 누군가에게 금식한다는 것을 말하지 않으려고 한다고 치자. 그러나 그들은 이미 알고 있다. 너는 시간만 낭비하고 있는 것이다."

하나님이 당신에게 자유로워지는 방법을 밝혀 주실 순간까지 사탄은 계속 공격한다. 모든 금식이 이렇게 힘든 것은 아닐 것이다. 그러나 기억하라. 당신의 승리가 더 가까워질수록 사탄은 당신이 금식을 못하게 말리기 위해서 더 심하게 역사할 것이다.

만일 당신이 이전에 금식과 기도를 해보려고 했는데, 약속을 이행하지 못했다면, 그때에 당신은 그런 공격을 체험한 것이다. 그러나 종종 우리는 우리의 적을 인정하지 않는다. 그뿐인가? 우리가 사탄이 우리를 괴롭히기 위해서 안달할 정도로 사탄에게 자신을 갖게 할 때, 우리는 양심의 가책에 골몰하게 된다. 사탄은 하나님의 자녀 한 사람이 금식과 기도로 회개할 때 하나님이 그 자녀를 깨끗케 하여 자신의 거점을 제거하신다는 것을 알고 있다. 사탄은 우리가 이런 방식으로 하나님께 나아갈 때, 우리가 새로운 빛으로 우리 자신을 보게 될 것이라는 것을 알고 있다. 우리는 전에 결코 보지 못했던 우리 마음속에 있는 죄와 악, 그리고 음욕을 보게 될 것이다. 그러므로 사탄은 우리가 회개하고 고백하는 것에 대해서 너무 심각하게 받아들이지 못하도록 그가 할 수 있는 모든 것을 한다.

성경에 금식과 기도 그리고 회개하는 사람들에게 그들의 삶 속에서 하나님이 그분의 초자연적인 능력을 나타내시지 않은 사건은 없다. 오늘날도 그것은 똑같이 유효하다. 만일 그리스도의 몸인 교회가 한 주에 한번 금식하고 기도한다면, 우리가 이전에 결코 보지 못했던 하나님의 능력이 나타날 것이다. 교회의 빈자리는 가득찰 것이다. 사람들은 예배시간에 서둘러서 떠나지 않을 것이다. 우리의 고백과 회개를 통해서 우리는 하나님이 이 세상이 그토록 절박하게 필요로 하는 신앙 부흥을 하나님의 뜻대로 하시도록 하는 것이다.

금식은 우리가 죄를 고백할 때마다 필요한 것은 아니지만, 금식은 마음에서 우러나오는 후회와 슬픔을 눈에 보이도록 하는 역할을 한다. 금식은 우리가 우리의 육체적인 욕구를 만족시키기 보다는 우리와 그분과의 관계를 바로잡는 것에 더 관심이 있다는 것을 하나님께 보여드리는 것이다.

당신은 당신의 삶 속에서 "나는 하나님이 원하시는 모든 것을 하기를 원하지만, 그 일을 도저히 이해할 수 없을 같이 생각된다."라고 말할 수 밖에 없는 상황에 처해 있는가? 당신은 마치 무엇인가가 당신을 억제하고 있다는 느낌이 드는가? 그렇다면 나는 당신에게 금식과 기도를 하면서 하루만 하나님과 함께 시간을 보내기를 권면한다. 당신의 금식에 대해서 크게 과장하여 떠들어 대지 않도록 당신의 의도가 무엇인지를 가족들에게 털어 놓으라.

만일 당신이 가족들과 어떤 문제를 갖고 있다면, 배우자와 금식하고 기도하는 것은 좋은 생각이 될 수 있다. 때로는 당신의 온 가족까지도 포함하는 것이 필요할 수도 있다. 어느 방법이든, 하나님은 당신과 당신의 가족들의 삶 가운데 초자연적인 무언가를 행하실 것이다.

국가의 방위

종종 성경은 국가의 방위를 위한 금식에 대해서 언급한다. 역대하 20장에서 여호사밧은 적들이 다가오고 있다는 소식을 들은 후 이스라엘 백성들에게 금식을 공포했다. 그는 사람들 앞에서 필사적으로 하나님께 엎드려 울부짖었다. 그가 기도를 끝마쳤을 때. 하나님은 회중 앞에 서 있는 한 선지자를 통해서 말씀하셨다.

하나님은 군대를 소집해서 길을 인도하는 찬양대와 악대와 함께 싸움터로 진군하라고 말씀하셨다. 글쎄, 당신은 성가대가 먼저 나타났을 때 적들이 얼마나 놀랐을까를 상상할 수 있는가? 그들은 너무 놀라서 당황했다. 하나님은 그들을 패배시키셨지만, 하나님은 자연적이고 정상적인 방법으로 그들을 물리치신 것이 아니다. 만일 하나님이 나라를 구하신다면, 하나님은 그분의 방법대로 그 나라를 구하실 것이다.

우리는 하나님이 우리를 크게 각성시켜서 우리 국가를 구원하시는 것을 보기를 원하지만, 하나님의 계획이 무엇인지를 모른다. 그러나 우리는 하나님이 국가를 위해서 금식하고 기도하는 것을 받아들이신다는 것을 알고 있다. 만일 우리가 국가에 대한 관심과 전적인 책임의식을 갖는다면, 한 사람도 우리가 금식하는 것을 회피하지 않을 것이다. 국가의 구원은 정말로 노력으로 되는 일이 아니다.

나의 관심은 다음과 같다. 우리는 그리스도인들이 마침내 깨어서 무슨 일이 일어나고 있는가를 보기에 앞서 하나의 국민으로 어느 정도까지 나아가야 하는가? 우리가 하나님의 구원을 위해서 규칙적으로 금식하고 기도하기에 앞서 어느 정도까지 나아가야 하는가? 나는 그분이 우리들을 기다리고 계신다고 믿는다. 뿐만 아니라 우리는 여호사밧처럼, 우리의 위험과 우리의 연약함을 인정하고 우리를 구원하시는 분을 인정해야 한다.

하나님의 일 성취

금식은 또한 하나님의 일을 성취하려는 사람들과 관련되어 성경에 언급되어 있다. 느헤미야의 실례를 보라. 그가 왕의 술 관원으로 섬기고 있을 때, 그는 예루살렘의 성벽이 허물어지고 성문이 불탔다는 소식을 들었다. 그는 "내가 이 말을 듣고 앉아서 울고 수일 동안 슬퍼하며 하늘의 하나님께 금식하며 기도하여"(느 1:4)라고 썼다. 5절에서 11절까지는 그의 기도가 기록되어 있다. 그는 남에게 알리지 않고 혼자 무거운 짐을 지고 금식하며 기도했다.

어느 날 왕이 느헤미야에게 물었다. "어찌하여 얼굴에 수심이 있느냐?"(느 2:2), 그때 느헤미야는 크게 두려워했다. 왜냐하면 왕 앞에서 슬픈 기색을 띠는 것은 부도덕한 일이었기 때문이다. 사람들은 즐거운 마음으로 기꺼이 왕을 섬겨야 한다고 생각했다.

그러나 느헤미야의 슬픔은 너무 커서 감출 수가 없었다. 그래서 그는 왕에게 그의 백성들과 그들의 비참한 상황을 이야기했다. 그는 그 도시와 성벽의 상황을 설명했다. 그때 이교도인 왕은 그가 느헤미야를 어떻게 도울 수 있는지에 대해서 물었다. 왕의 제안에 놀랐지만, 느헤미야는 자기가 어떤 이유로 예루살렘으로 돌아가서 성벽을 재건하기를 원하는지에 대해서 말했다.

왕은 자신의 약속을 지켰다. 왕은 느헤미야가 예루살렘으로 돌아가도록 허락했다. 뿐만 아니라 왕은 성벽과 성전 문 수리에 필요한 모든 물품은 물론, 느헤미야를 보호하기 위해서 그의 군대에서 호위병까지 딸려 보냈다.

이것은 하나님의 백성이 하나님의 일을 염려하여 금식하며 기도할 때, 무슨 일이 일어나는가에 대한 완벽한 실례이다. 그러나 오늘날 우리는 흔히 우리 자신의 힘으로 하나님의 일을 하려고 한다. 우리는 하나님의 일을 처리하기 위해서 세상의 자원을 사용하고, 그분의 일을 유지하기 위해서 세상의 원칙을 활용한다. 그러나 하나님은 일을 하는데 있어서 세상의 방법을 따르지 말라고 타이르신다. 오히려 우리는 그분의 원리를 활용해야 한다.

느헤미야가 하나님을 기다리지 않고 성벽을 재건하기 위해서 어떤 방법을 만들어 내려고 했다면 어찌되었을까? 더구나 보잘것없는 한낱 종이 그 많은 돈을 어디서 조달할 수 있었을까? 그리고 또한 그가 붙잡히지 않고 어떻게 그 도시를 빠져나갈 수 있었을까? 게다가 그가 멀리 갔다 할지라도, 다시 잡혀서 감옥에 갇힐 각오를 해야 했을 것이다. 바꾸어 말하면, 어쨌든 느헤미야의 방법으로는 하나님의 일을 결코 하지 못했을 것이다.

얼마나 많은 하나님의 일이 우리의 그릇된 생각의 결과로 처리되지 못하거나 지연되고 있는가! 나는 이것을 의아스럽게 생각한다. 우리가 하나님의 방법으로 하나님의 일을 할 때, 우리는 하나님의 능력으로 하나님의 일을 하게 될 것이다. 불가능한 일이 그분의 능력으로 실현되는 것이다. 우리는 단지 하나님의 영광을 위해서 사용되는 도구이다.

하나님은 우리가 영혼의 구원에 전념하기를 원하신다, 왜냐하면 그것이 모든 그리스도인의 책임이기 때문이다. 주 예수 그리스도의 교회는 이전보다 더 크고 부요하다. 그럼에도 불구하고 지상 명령(그리스도께서 부활 승천하시면서 제자들과 교회에 주신 선교 명령: 역주)을 성취하기 위한 우리의 소명은 더욱더 떨어지고 있다. 왜 그런가? 왜냐하면 언제 인지 모르게 우리는 성령을 의지하는 것을 잊어버렸기 때문이다. 따라서 우리는 재치 있는 처세술, 설득, 말, 교묘한 감동, 그리고 무익한 수법을 통해서 세상 사람들을 얻으려고 한다.

영적 각성

나는 하나님이 이 나라를 영적으로 각성시키기를 원하신다고 믿는다. 그러나 하나님은 우리가 준비되었다는 것을 아실 때까지 영적 각성을 시키지 않으실 것이다. 우리는 우리의 힘과 자원을 신뢰하는 것을 멈추고 하나님이 기름을 부어주시도록 금식과 기도를 통해서 그분께 간구를 시작해야 한다. 그때만이 우리는 그분의 일을 하도록 준비가 될 것이다. 따라서 그때만이 하나님은 우리나라를 회복시키실 것이다.

그러나 우리는 아직도 아주 절박하지 않다. 우리는 여전히 많은 개인적인 희생을 하지 않고 영적으로 회복할 수 있다는 신념을 가지고 있다. 개인적으로 그리고 국가적으로 우리는 이런 교만한 태도를 고백하고 회개할 필요가 있다. 그런 자만은 하나님이 우리를 통해서 그분의 일을 성취하시려는 것을 막는 것이다.

　1980년 대통령 선거 바로 전에, 우리 교회 성도들은 열흘 동안 금식기도를 하기로 작정을 했다. 성도 중 한사람이 24시간씩, 릴레이식으로 돌아가면서 금식기도를 하는 방식이었다. 그런데 한 부부가 교회 광고를 오해해서 한 사람이 열흘 동안을 완전히 금식하는 것이라고 생각했다. 그래서 그들은 열흘 동안 금식기도를 했다! 그들은 자신들이 오해한 것을 알았을 때, 자신들에게 무슨 일이 일어났는지를 나에게 말하러 왔다. 그들은 환한 표정이었다. 부부 모두 그것이 자신들의 삶 속에 가장 뜻 깊은 체험이었다고 말했다. 그들은 하나님이 그 금식 기간을 통해 그들의 결혼 생활에 영향을 미쳤던 숨겨진 죄들을 지적하기 위해서 사용하셨다고 말했다. 하나님은 그들의 삶을 깨끗하게 하셔서 서로의 관계를 회복시켜 주셨던 것이다. 그들은 결혼 생활을 다시 하게 된 것에 대해서 흥분하고 있었다.

　하나님은 당신의 삶 속에 그리고 당신의 가족들의 삶 속에 초자연적인 일을 하기를 원하신다. 그분은 당신이 그분의 가장 좋은 것을 갖기를 원하신다. 당신은 그분이 보시기에 합당한 방법대로 당신의 삶을 통해서 그분의 능력을 행하시도록 해야 한다. 이것이 나의 기도이다.

필시 그것은 어떤 종류의 희생을 하는 것을 의미할 것이다. 금식기도 같은 것을 통해서 말이다. 그러나 우리가 그리스도께서 우리를 위해서 하신 일을 생각한다면 우리의 어떤 희생도 지나치게 크다고 하겠는가?

04
기도의 집

하가랴의 아들 느헤미야의 말이라 아닥사스다 왕 제이십년 기슬르월에 내가 수산 궁에 있는데 내 형제들 가운데 하나인 하나니가 두어 사람과 함께 유다에서 내게 이르렀기로 내가 그 사로잡힘을 면하고 남아 있는 유다와 예루살렘 사람들의 형편을 물은즉 그들이 내게 이르되 사로잡힘을 면하고 남아 있는 자들이 그 지방 거기에서 큰 환난을 당하고 능욕을 받으며 예루살렘 성은 허물어지고 성문들은 불탔다 하는지라 내가 이 말을 듣고 앉아서 울고 수일 동안 슬퍼하며 하늘의 하나님 앞에 금식하며 기도하여 이르되 하늘의 하나님 여호와 크고 두려우신 하나님이여 주를 사랑하고 주의 계명을 지키는 자에게 언약을 지키시며 긍휼을 베푸시는 주여 간구하나이다 이제 종이 주의 종들인 이스라엘 자손을 위하여 주야로 기도하오며 우리 이스라엘 자손이 주께 범죄한 죄들을 자복하오니 주는 귀를 기울이시며 눈을 여시사 종의 기도를 들으시옵소서 나와 내 아버지의 집이 범죄하여 주를 향하여 크게 악을 행하여 주께서 주의 종 모세에게 명령하신 계명과 율례와 규례를 지키지 아니하였나이다 옛적에 주께서 주의 종 모세에게 명령하여 이르시되 만일 너희가 범죄하면 내가 너희를 여러 나라 가운데에 흩을 것이요 만일 내게로 돌아와 내 계명을 지켜 행하면 너희 쫓긴 자가 하늘 끝에 있을지라도 내가 거기서부터 그들을 모아 내 이름을 두려고 택한 곳에 돌아오게 하리라 하신 말씀을 이제 청하건대 기억하옵소서 이들은 주께서 일찍이 큰 권능과 강한 손으로 구속하신 주의 종들이요 주의 백성이니이다 주여 구하오니 귀를 기울이사 종의 기도와 주의 이름을 경외하기를 기뻐하는 종들의 기도를 들으시고 오늘 종이 형통하여 이 사람들 앞에서 은혜를 입게 하옵소서 하였나니 그 때에 내가 왕의 술 관원이 되었느니라

(느헤미야 1:1-11)

이 이야기는 내 친구 잭에게 들었는데, 그는 그 사건이 일어났을 때 마이애미(Miami)에서 목회를 하고 있었다.

월요일 오후 4시경에 그의 교인 가운데 한 여성이 저녁을 준비하고 있었는데, 그녀는 갑자기 나의 친구 잭(Jack)이 걱정이 되었다. 그녀는 그를 마음에서 지워버리려고 했지만, 몇 가지 이유 때문에 그에 대한 생각을 멈출 수가 없었다.

그래서 그녀는 부엌에서 침실로 들어가서 기도하면서 울기 시작했다. 그녀는 그것이 무슨 일이든지, 이 위기에서 잭의 생명을 지켜달라고 간구했다. 이 기도는 30분 동안 계속되었다. 당시 그녀에게 몰려왔던 짐이 별안간 그녀를 떠나갔다. 그녀는 요리를 하기 위해서 다시 부

엮으로 돌아왔고 다음 주일날 교회에서 잭을 만날 때까지 다시 그 일에 대해서 생각하지 않았다.

그녀는 자신에게 일어났던 일을 말하고 잭에게 좋지 않은 일이 있었는지를 물었다. 잭은 깜짝 놀라면서 자신의 가슴 아픈 경험을 이야기했다.

그녀가 말한 바로 그날 월요일, 잭은 마이애미(Miami)에서 플로리다 에프티 피어스(Ft. Pierce)를 향해서 자신의 자가용 비행기를 조종하고 있었다. 급하게 서둘렀기 때문에, 미처 연료를 점검하지 못했다.

에프티 피어스의 약 중간 지점에서, 비행기의 엔진이 갑자기 격렬한 소리를 내기 시작했고 결국 멈추고 말았다. 그는 시계를 쳐다보았다. 오후 4시였다. 비행기가 고도를 유지하지 못하자, 잭은 기도하면서 착륙할 지점을 찾기 시작했다. 그러나 보이는 곳에 착륙할 만한 적당한 장소가 없었다.

그 때 잭의 눈에 씨를 뿌리기 위해서 깨끗하게 갈아 놓은 밭이 보였다. 그때 그의 비행기는 급속히 고도를 벗어나고 있었고 그 밭은 여전히 멀리 있었다. 잭은 이 상황의 출구는 완전히 하나님의 손에 있다는 것을 알았다.

잭은 비행기를 밭으로 향하게 했다. 그의 비행기가 마침내 멈추었을 때, 원뿔꼴 머리 부분이 서서히 한 나무에 기대어 정지하고 있었다. 잭과 그의 비행기는 어떤 손상도 입지 않았다. 잭이 그를 구출해 주신 하나님께 감사하자마자, 그는 그의 시계를 보았다. 4:30분이었다.

잭이 지난 월요일에 일어난 이야기를 끝냈을 때, 잭과 그 여성은 둘 다 눈물을 글썽이고 있었다. 그녀는 위기에 대처하기 위한 하나님의 도구가 되었다. 잭의 마음은 하나님의 사랑과 돌보심에 쏠렸다. 그들은 하나님이 그분이 사랑하는 사람들을 돌보시기 위해서 기도의 짐을 어떻게 사용하시는가를 확실하게 보여 주는 실례이다.

짐을 지고 하는 기도는 우리가 아마도 가장 등한시하는 기도의 양상일 것이다. 그 결과, 우리는 종종 짐이 없는 기도를 한다. 우리는 긴박감 또는 마음이 없는 흔해빠진 간구를 반복한다.

짐을 지고 하는 기도의 원리에 대해 실례를 들어 설명하기 위해서, 우리는 느헤미야의 이야기로 되돌아간다. 느헤미야는 바벨론의 종이 되어 술관원으로 왕을 섬기고 있었다. 그의 친구 몇 사람이 예루살렘에서 바벨론으로 와서 그에게 그 도시의 비참한 상황을 전해 줄 때까지 그는 모든 것이 잘되어 갔다. 그러나 예루살렘의 이야기를 전해들은 그는 짐을 지게 되었고 울면서 슬퍼했다.

짐의 원인

성경에 따르면, 짐은 세 가지 원인 가운데 하나의 결과로 생긴다. 첫째, 우리는 "고백하지 않은 죄"의 결과로 짐을 느낀다. 이것을 처리하는 방법은 솔직하게 죄를 고백하고 없애는 것이다. 둘째, 우리는 "부정적인 마음가짐" 때문에 짐을 느낀다. 이것은 우리의 마음가짐일 수도 있고 누군가가 우리들에게 가지고 있는 마음가짐일 수도 있다. 어떻든, 그릇된 생각은 결국 파멸로 이끄는 불필요한 짐이 될 수도 있다. 마지막으로 "하나님"이 우리들에게 짐을 주신다. 하나님께로부터 오는 짐은 마음과 기분이 무겁다. 그것은 어떤 사람의 삶 속에서 있는 죄 또는 그 사람이 특별히 필요한 것에 대한 하나님의 관심의 표현이다. 짐의 주요한 목적은 그분의 뜻대로 기도하면서, 주님 앞에 우리의 무릎을 꿇도록 하는 것이다.

우리가 만일 하나님께로부터 오는 짐을 인식하고 그 짐에 타당하게 반응하기 위해 우리가 이해해야 하는 몇 가지 양상의 기도의 짐이 있다. 일단 우리가 우리의 마음에 이 주요한 원리들을 깊이 새긴다면, 우리는 하나님이 주신 짐의 결과로 지속적인 열매를 경험하게 될 것이다.

하나님께로부터 오는 짐은 언제나 특별히 필요한 것으로 향하게 한다. 그분이 변화시키기를 원하시는 어떤 것이나 어떤 사람 등이 이에 속한다. 짐은 짐을 진 사람의 삶속에 있는 죄에 대한 반응일 수도 있거나, 또는 어떤 친구의 삶속에 있는 죄의 반응일 수도 있다. 느헤미야의 경우, 짐은 예루살렘의 사건의 애석한 사태에 대한 하나님의 슬픔의 결과였다. 하나님은 이런 환경들이 바뀌기를 원하셨다. 따라서 그분은 느헤미야에게 짐을 지게 하셨다.

하나님이 의도하시는 증거

하나님이 기도하도록 우리의 마음에 짐을 지게 하실 때, 그분은 우리들에게 짐을 지게 하신 일에 대해서 우리가 무엇인가를 하도록 하신다. 만일 하나님이 구원받지 못한 어떤 사람에 대해서 당신의 마음에 짐을 지게 하신다면, 이것은 하나님이 그 사람을 구원하기 위한 계획을 세우고 계시다는 증거이다. 종종 하나님은 그분의 뜻을 성취하는 것을 돕도록 하기 위해서 그분의 짐을 지울 사람을 찾아 사용하실 것이다. 만일 하나님이 재정적으로 빈곤에 처한 누군가를 위해서 기도하도록 당신에게 짐을 지우하셨다면, 그것은 아마도 당신이 기도뿐만 아니라 물질적인 방법으로 적당하게 그를 돕길 원하시는 것이다.

기도는 언제나 하나님과 함께 시작한다. 예를 들어, 당신이 필요한 것이 있다는 것을 하나님이 알고 계신다고 생각해 보자. 하나님은 그 짐을 지기에 적당한 누군가를 찾기 시작하신다. 그분은 당신의 가까운 친구 중 하나를 선택하시거나, 또는 거의 알지 못하는 누군가를 선택하실 수도 있다. 어떻든, 그분은 순종하고 경건한 삶을 살고 있는 누군가를 찾으신다. 그 짐을 받자마자 끝까지 책임을 다 하리라고 생각되는 사람 말이다.

그분은 누군가를 찾아내시면 그에게 짐을 주시고, 그 사람은 당신에 대해서 무거운 마음을 갖기 시작한다. 하나님은 그 짐이 매우 생생하게 되어서 그 사람이 하나님의 뜻에 얼마나 예민해야 하는가에 대한 중요성을 깨달을 때까지 그 짐과 그 짐의 크기를 늘리신다. 그는 주님이 인도하시는 대로 당신을 위해서 중재하기 시작한다. 그의 기도에 대해서 하나님이 자유롭게 역사하시고 당신이 필요한 것을 채우신다. 그것은 기도하는 사람을 통해서 채우실 수도 있고, 어떤 다른 수단을 통해서 채우실 수도 있다.

짐이 어떻게 역사 하는가

본질적으로, 이 과정은 삼각관계처럼 역사한다. 하나님은 A라는 사람에게 마음의 짐을 지우신다. A라는 사람은 B라는 사람을 위해서 기도한다. 하나님이 B라는 사람이 필요한 것을 채우신다. A라는 사람은 기도의 응답을 체험하므로 복을 받는다. 하나님이 우리가 필요한 것을 채우실 때 우리는 흔히 그것이 오직 우리의 기도의 결과라는 느낌을 갖는다. 그러나 우리는 하나님이 우리를 위해서 누구에게 짐을 지게 하셨는가를 결코 알지 못한다. 우리가 천국에 들어가면, 누가 우리를 위해서 기도했는가를 알게 될 것이다. 따라서 그들이 우리를 위해서 기도했다는 것을 알게 될 때, 우리는 깜짝 놀라며 겸손해질 것이다. 우리 가운데 어느 누구도 우리 자신만으로는 충분하지 않다. 우리는 서로의 기도가 필요하다.

그러나 전능하신 하나님이 그분의 뜻을 성취하기 위해서 왜 이 삼각관계 기도를 사용하시는가? 그분은 외부의 도움 없이 기도에 응답하실 수가 있다. 그렇지 않은가? 만일 하나님이 내가 필요한 것을 아신다면, 왜 그분이 그것을 가지고 누군가를 귀찮게 하실까?

물론 하나님은 우리 없이도 그 모든 것을 하실 수 있다. 그러나 그분은 우리가 다른 사람의 삶 속에서 그분의 역사하심을 봄으로써 우리들이 축복을 받도록 하기 위해서 이 방법을 선택하셨다. 그분은 우리들이 서로 사랑하고 격려하는 영적인 토대를 기초로 하여 깊은 관계를 맺기 원하신다. 하나님은 우리가 하나 되게 하기 위해서 이 삼각관계 기도를 사용하신다. 그분은 우리들을 기도의 응답에 관련시킴으로 우리가 누군가의 축복의 한 부분이 되도록 하신다. 이것이 기도의 짐의 참 본질이다.

짐이 어떻게 전달되는가

우리는 모든 신뢰할 수 있는 기도의 짐은 하나님께로부터 온다는 것을 안다 그렇다면, 하나님은 그분의 짐을 우리들에게 어떻게 전달하시는가? 매번 그분은 짐을 분명히 전달하는 꽤 중요한 누군가를 사용하실 것이다. 다른 경우에 하나님은 우리가 조용히 듣고 있을 때 그분의 말씀이나 그 외 다른 방법으로 직접 말씀하실 수도 있다.

어느 날 아침 8시에 한 친구가 나에게 전화를 걸어서 이렇게 말했다. "찰스, 내가 하는 말에 자네가 어떻게 반응할지 몰라서 자네에게 전화하는 것을 한참 망설였다네. 하나님이 나한테 말씀하신 것이 있는데, 오늘 자네 계획을 모두 취소하고 기도하면서 하루를 보내라고 자네에게 전해 주라고 하시더군."

전화를 끊은 후, 나는 기도하는 것은 다른 날로 미루고 친구의 말에 개의치 않고 평소처럼 일을 계속했다. 그러나 하나님은 아주 강하고 확실하게 내 마음에 지시를 내리셨고, 나는 더 이상 거역할 수 없었다.

나는 비서를 불러서 그날의 모든 계획을 취소하라고 말했다. 그러고 나서 나는 연구실로 가서 기도로 그 날을 보냈다. 내가 성경을 읽기 시작하자마자, 내가 읽고 있는 성경의 모든 구절이 나에게 "사랑하는 찰스야."라고 말씀하는 것 같았다. 나는 하나님이 나에게 특별한 것을 가지고 계시다는 것을 알았다.

하나님이 말씀하신 것을 나에게 보여 주시는 데는 몇 주가 걸렸다. 그러나 나는 금식하고 기도하는 날은 즉시 반응이 있었다는 것을 확신한다. 그것은 내가 필요한 것에 대한 하나님의 짐이 친구의 영감에 의한 조언을 통해서 나에게 전달되었기 때문에 모든 것이 시작되었다.

나는 하나님이 다른 사람을 개입시키지 않고 나에게 직접 말씀하실 수 있다고 믿는다. 그러나 이 경우는 그분은 친구를 사용하시기 위해서 선택하신 것이다. 주님은 내가 귀를 기울이지 않거나 또는 나의 계획이 확고하기 때문에 나의 주의를 끌게 하기 위해서 이례적인 일을 선택하셔서 알게 하신 것이 틀림없다. 그러나 하나님은 또한 이 사건이 나의 친구와 나의 관계를 튼튼하게 하고 깊어지게 한다는 것을 알고 계셨다.

기도의 짐을 어떻게 받느냐에 관계없이, 그것은 궁극적으로 하나님께로부터 온다. 그것은 갑자기 마음의 무거움으로 나타날 수도 있고, 또는 서서히 세기가 강해지면서 나타날 수도 있다. 어떤 짐은 두 가지 방법으로 나타난다. 어떤 육체적, 감정적인 문제 때문에 짐을 잘못 생각하지 않도록 주의하라. 때로는 어떤 짐은 우울증이라고 생각할 정도까지 우리를 침울하게 할 것이다. 그러나 우리는 우울증에 굽히는 대신 우리의 무릎을 굽혀야 한다.

짐의 무게

우리가 알아야 하는 기도의 짐의 또 다른 양상은 짐의 무게이다. 느헤미야의 경우에, 짐이 매우 커서 그 짐이 그를 울게 했고 슬퍼하도록 했다. 사실 그는 그의 책임에 대해서 드러내놓고 행동할 수밖에 없었다. 그렇게 했을 때, 그의 안색이 몹시 슬픔에 잠겨서 왕이 알아차리게 되었다.

모든 짐이 우리들에게 그런 식으로 큰 대가를 치르게 하지는 않을 것이다, 그러나 어떤 짐은 우리들에게 모든 것을 그만두게 할 것이다. 짐이 너무 무거울 때, 사탄은 통상 짐을 거절하게 하기위해서 계속 선동하기 위해서 잽싸게 말한다. 사탄은 "너는 너무 바쁘니까 지금 그 문제에 대하여 걱정할 필요가 없다"라고 말한다. 그러나 우리는 우리의 절박한 책임을 가지고, 휴가를 얻어서 기도로 몇 시간, 몇 날을 단독으로 하나님과 보내야 한다.

모든 짐이 몇 시간이나 며칠 동안의 기도를 요구하지는 않을 것이다. 어떤 짐은 하나님이 즉시 처리하기를 원하시는 것이 될 수도 있다. 예를 들면, 그분은 당신이 어떤 친구를 방문하거나 또는 가난한 사람들에게 무엇인가를 주기를 원하신다. 이런 형태의 짐은 하나님께 구하는 오랜 과정 없이도 즉시 알 수 있다. 그러나 우리는 기꺼이 하나님과 함께 더 긴 시간을 보내는 것이 필요하다.

시기의 중요성.

일단 당신이 주님께 구하는 시간을 갖기로 결정하면, 사탄은 그것을 미루게 하기 위해서 충동질을 한다. 그러나 당신이 그 짐을 수행할 적당한 시기가 중요하다. 몇 년 전 여름, 나의 아들은 친구들과 함께 뗏목을 타러 노스캐롤라이나(North Carolina)의 한 강으로 떠났다. 한편 그 강에서, 우리 아들 일행은 뗏목을 타는 다른 일행이 뗏목을 통제하는 것을 놓쳐버리고 그 강의 가장 위험한 쪽을 향해서 휩쓸려가고 있는 것을 구조하는 일에 참여했다. 구조하는 동안, 그 강을 가로질러서 헤엄을 치려고 시도했던 한 소년이 무릎에 부상을 입고 병원으로 실려 갔다.

나의 아들 일행이 집에 돌아온 그날 저녁에, 일행 가운데 한 소녀의 어머니가 모두 무사한지를 물었다. 그녀의 목소리가 우려 섞인 것을 보니 나는 그녀가 걱정을 하고 있었다는 것을 분명히 느낄 수 있었다. 무엇 때문에 그렇게 걱정을 했는지 묻자, 그녀는 그날 주님이 일행의 안전을 위해서 기도하도록 그녀의 마음에 짐을 지게 하셨다는 것을 상세히 설명했다. 그녀가 기도할 때, 주님은 어떤 사고가 있어서 누군가가 다리에 상처를 입었다는 것을 그녀에게 보여 주셨다.

이 지혜로운 어머니는 짐을 적절하게 처리하는 데 있어서 시기의 중요성에 대해서 알고 있었다. 하나님은 위기 때 그녀를 통해서 중재하도록 하신 것이다. 하나님은 점점 더 나빠지는 위험한 상황을 막기 위해서 그녀의 기도를 사용하셨던 것이다.

걱정 대(對) 짐

이 시점에서. 우리는 걱정과 기도의 짐을 구분해야 한다. 걱정은 자기중심적인 반면에 짐은 하나님 중심적이다. 걱정은 우리의 주의를 "우리"의 환경에 집중 시킨다. 하나님은 우리의 주의를 "그분"께 집중시키기를 원하신다.

사실 그분은 우리에게 짐을 지게 하시는 주위 사람 또는 일에 우리가 집중하기를 원치 않으신다.

짐의 강도를 말하기 때문에 크기가 아니라 세기입니다. 두 가지 요인에 의해서 결정될 것이다. 그것은 하나님이 처리하기를 원하시는 상황의 규모와 긴급성이다. 나의 친구가 나에게 전화를 해서, 이렇게 말했다, "오늘 아침부터 자네는 기도를 시작해야 하네." 즉시 나는 하나님이 나에게 지우신 짐에 의해서 하나님의 엄청나게 큰 임재와 경외심에 압도되었다. 하나님은 내가 바로 그때 무엇인가를 하기를 원하셨다. 느헤미야의 경우에, 수행해야 하는 책임의 중대성이 그의 짐을 무겁게 만들었다. 하나님은 그것을 처리하는 방법에 대한 계획도 없이 모든 도시를 재건하도록 하셨다.

때로는 어떤 일의 긴급성은 중요하다. 왜냐하면 하나님이 우리가 벼랑에서 미끄러져 떨어지려는 것을 보고 계시기 때문이다. 우리의 삶은 어떤 특별한 방향으로 향하고 있고 모든 것이 아주 잘되어 가는 것 같다. 그때 별안간 우리는 모든 것에 이상이 있다는 것을 감지한다. 하나님은 우리의 마음에 짐을 지우신다. 우리는 그분이 우리를 파헤쳐서 분명히 알 수 없는 일에 불안을 느끼도록 하신다고 생각한다.

우리는 우리의 삶 속에서 죄를 살핀다. 모든 것을 확인했지만, 여전히 어딘가 문제가 있다. 그러나 이 상황은 우리가 살피는 것을 멈추고 주님께 물어보아야할 필요가 있을 때이다. "주여, 당신이 무슨 말씀을 하려고 하시나이까?" 우리가 모든 것을 멈추고 잠잠히 행동할 때만이 하나님이 우리들에게 짐을 지게 하신 것에 대해서 말씀하실 기회를 드리는 것이다.

하나님은 우리들이 그릇된 방향으로 달려가고 있는지를 우리들에게 보여 주실 것이다. 그분은 우리들이 가야할 방향을 보여 주실 것이다. 게다가 우리 각자가 다른 사람의 삶과 깊이 관련되어 있을 때, 우리가 그릇된 결정을 하는 것을 막기 위해서 우리의 마음에 기도의 짐을 지우실 수도 있다.

짐의 기간

어떤 짐은 다른 짐보다 오랫동안 더 계속된다. 그 기간은 짐의 중요성과 하나님이 말씀하시려는 것에 대한 우리의 반응에 달려 있다. 때로는 우리는 짐을 무시한다. 그것이 우리가 들을 수 있는 상태로 들어가는 것을 하나님이 지연하시는 원인이 된다. 우리는 하나님이 특별한 상황에 대해서 우리의 마음에 짐을 지게 하실 때마다, 그 짐 자체가 그분이 이미 역사하고 계시는 징후라는 사실을 잊지 말아야 한다.

이 사실이 전적인 믿음으로 기도하도록 우리들을 격려한다. 짐은 특별한 문제에 대한 하나님의 돌보심의 약속이다. 하나님은 주로 그분의 자녀들의 기도를 통해서 그분의 일을 행하신다. 우리들에게 기도의 짐을 주심으로, 그분은 우리들에게 우리들의 믿음을 성장시킬 기회를 주신다. 왜 그렇게 하시는가? 우리들에게 무엇인가에 대해서 기도하도록 하심으로써 그분이 이미 응답하기 시작하신 것이다. 하나님이 우리의 마음에 짐을 지게 하시고 우리가 그 책임을 성실히 수행할 때, 그것은 끝난 거나 다름이 없다. "그것이 당신의 뜻이라면"이라고 기도할 필요가 없다. 우리는 그분이 우리의 마음에 짐을 지우셨기 때문에, 정말로 그분의 뜻이라는 것을 아는 것이다.

하나님이 내 마음에 몇 달 동안 지속되는 짐을 지게 하실 때가 있었다. 그 외의 짐은 단지 몇 시간만 지속될 뿐이었다. 만일 하나님이 나의 삶에 대해서 철저한 변화를 요구하신다면, 그 짐은 변화에 도달할 때까지 나와 함께 머무를 것이다. 또한 그분은 내가 그분께 집중해서 그분의 지시를 구할 때까지 계속 압력을 넣으실 것이다.

느헤미야의 짐은 오랫동안 지속되었다. 너무 오랫동안 계속되어서 그것이 신체의 모습에 영향을 주었다. 그러나 느헤미야가 기도하면서 하나님의 인도하심을 구하고 있는 동안, 하나님은 이미 그 왕에게 서서 역사하고 계셨다. 우리는 어떤 방법으로 역사하셨는가를 알 수 없지만, 무엇인가가 계속되고 있었다. 왕은 느헤미야와 그의 백성들을 귀향하도록 하였을 뿐만 아니라, 그들이 필요한 모든 건축 재료를 주었다. 게다가 무장한 호위병까지 보내 주었다. 왕은 단순히 자신의 종 중 하나가 의기소침해 보인다고 해서 앞뒤 가리지 않고 그렇게 큰 희생적 행위를 한 것이 결코 아니다. 하나님이 그의 마음을 준비시키신 것이다. 그 짐이 제거된 것은 느헤미야가 오직 하나님이 이 모든 것을 성취하셨다는 것을 깨달은 후였다. 느헤미야는 하나님이 그의 마음에 지게 하신 책임을 성실하게 수행했다. 그는 성실하게 기도했을 뿐만 아니라, 그가 사용될 기회를 깨달았을 때, 그것을 받아들였다. 그는 자신이 한 기도의 응답의 일부분으로 스스로가 사용되도록 했다.

우리의 짐을 분담하기

짐을 분담하는 것은 하나님이 그분의 일을 하기 위해서 사용하시는 수단이다. 그러나 우리는 짐을 분담할 때 하나님의 인도하심에 극도로 민감해야 한다. 어떤 짐들은 나누어야 할 필요가 있는 반면 다른 짐들은 은밀하게 간직할 필요가 있다. 우리가 짐을 나눌 때 그것은 마음속에서 우러나오는 격려와 사랑하는 마음으로 해야 한다. 비판이 없어야 한다.

하나님은 매번 우리가 짐을 져왔던 사람하고만 짐을 나누기를 원하실 것이다. 시기가 매우 중요하다. 왜냐하면 그분이 우리들에게 역사하시는 동안, 그들에게도 역사하시기 때문이다. 하나님은 쌍방의 역할이 준비되었을 때, 우리들의 짐을 나누도록 하실 것이다. 우리가 짐을 나눌 때 그것이 무거운 짐을 지고 있는 사람에게 격려가 될 것이다. 어려움에 처해 있거나 또는 비참한 환경에 처한 사람들은 누군가가 그들을 위해 기도하고 있다는 것을 아는 것이 필요하다.

어떤 짐들은 많은 사람들과 나누는 것이 필요하다. 예를 들면, 만일 당신이 당신의 친구 가운데 하나가 병에 걸린 것을 알았다면, 당신은 기도의 짐을 느낄 것이다. 사실, 당신의 관심이 당신의 기도를 통해서 짐 자체를 밖으로 나타낼 뿐만 아니라, 기도할 수 있는 다른 사람들과 필요한 것을 나눔으로써 짐을 밖으로 나타낼 것이다. 이런 형태의 짐을 나누게 하심으로, 하나님은 다른 사람들에게 기도의 짐을 지게 하기 위해서 우리들을 사용하신다. 하나님은 느헤미야의 친구들에게 짐을 지게 하셨는데, 그들은 교대로 그들의 짐을 느헤미야와 함께 나누었다. 하나님은 느헤미야에게 같은 짐을 지게 하기 위해서 이 짐을 나누도록 하셨다. 그 결과, 예루살렘 성벽이 재건되었다.

나는 이 국가에 대해서 개인적인 짐을 지고 있다. 나는 이것이 모든 그리스도인들이 거들어야할 짐이라고 생각한다. 나는 나라를 위해서 어떤 짐도 느끼지 못하는 미국인들, 특히 그리스도인들을 볼 때, 마음이 몹시 아프다. 이것이 모두 나누어야 하는 짐의 실례이다.

개인적인 축복

우리가 기도의 짐을 철저히 규명하고 하나님께 집중할 때, 우리는 새로운 시각으로 그분을 보게 된다. 새로운 시각으로 그분을 볼 때 우리는 우리 자신도 새로운 시각으로 보게 된다. 그 결과로, 우리의 마음에 숨겨진 모든 것이 드러난다. 우리가 누군가를 위해서 기도할 때, 하나님은 우리가 그분이 말씀하시는 것을 듣게 하기 위해서 우리를 깨끗하게 하신다. 어떤 짐이 나타날 때, 언제나 청결의 기회가 뒤따른다. 아마도 이것이 우리가 짐으로부터 도망치는 한 가지 이유일 것이다. 우리는 깨끗해지기를 원치 않는다. 그러나 하나님은 우리가 더 깨끗하고 더 성령충만하면 할수록 더 효과적인 기도를 할 수 있다는 것을 알고 계신다.

하나님이 우리를 깨끗케 하시는 결과로, 우리는 그분과 새로운 친밀감을 느낀다. 우리는 그분을 더 사랑하고 그분을 더 성실하게 섬기는 우리 자신을 발견하게 된다. 우리는 "그분"을 더 사랑할 뿐만 아니라, 우리 주위의 사람들을 사랑하게 된다. 짐이 다른 사람들에 대한 사랑을 되찾게 함으로, 우리는 하나님이 우리의 마음속에 두신 책임을 열심히 수행하게 된다. 기꺼이 짐을 짊어진 사람은 누구나 영적인 유익이 주어진다. 우리가 짐을 지기를 거절 할 때, 우리는 축복의 기회를 놓친다.

지금 당신의 마음이 주님께로부터 오는 짐으로 인해서 무거울 수도 있다. 당신은 그것을 거절하려고 한다. 아마도 당신은 자신이 부적절하다고 생각할지도 모른다. 그 해답은 하나님 앞에 엎드려서 그분이 당신에게 지우실 어떤 짐이라도 기꺼이 받겠다는 것을 그분께 말씀드리는 것이다. 하나님이 그분의 목적을 성취하실 때까지 당신이 그것을 착실하게 수행하겠다고 말씀드려보라.

당신이 이렇게 할 때, 당신은 직접적으로든 간접적으로든 누군가의 삶 속에서 하나님이 사용하시는 역할을 맡게 될 것이다. 그러나 당신은 또한 전에 깨끗해진 것보다 더 철저하게 하나님이 당신의 죄를 깨끗하게 하시도록 해야 한다. 이로써 당신은 큰 영적인 축복에 이르기까지 당신 자신을 활짝 여는 것이다.

당신은 기꺼이 이런 기도를 하겠는가? "주여, 나는 당신이 나와 나누기를 원하시는 어떤 짐이든지 질 수 있나이다. 그 무게를 아끼지 마시옵소서. 최대한으로 나를 사용하여 주시옵소서."

만일 이것이 정말 당신 마음의 소원이라면, 당신이 천국에 들어갔을 때 하나님이 그분의 짐을 어깨에 짊어지도록 당신을 사용하신 결과로 하나님이 당신과 함께 행하신 많은 일들에 대해서 놀라게 될 것이다.

05
응답받는 기도

구하라 그리하면 너희에게 주실 것이요
찾으라 그리하면 찾아낼 것이요
문을 두드리라 그리하면 너희에게 열릴 것이니
구하는 이마다 받을 것이요 찾는 이는 찾아낼 것이요
두드리는 이에게는 열릴 것이니라
너희 중에 누가 아들이 떡을 달라 하는데 돌을 주며
생선을 달라 하는데 뱀을 줄 사람이 있겠느냐
너희가 악한 자라도 좋은 것으로 자식에게 줄 줄 알거든
하물며 하늘에 계신 너희 아버지께서 구하는 자에게
좋은 것으로 주시지 않겠느냐

(마태복음 7:7-11)

이 구절은 기도가 단순히 원인과 결과의 과정인 것처럼 보이게 만든다. 구하라 그러면 받을 것이다. 이것은 마치 기도가 식은 죽 먹기인 것처럼 보인다. 그러나 이것은 우리가 기도할 때 흔하게 일어나지 않는 일이다. 우리는 구하지만, 결과를 볼 수 없다.

우리 모두는 응답받는 기도에 관심이 있다. 그러나 우리의 응답받지 못하는 기도는 우리 가운데 많은 사람들이 기도할 때마다 하나님께 응답을 기대하지 못하게 한다. 사실 우리는 기도의 응답을 받았을 때, 놀란다. 우리는 성경이 하나님이 우리의 기도에 응답하신다는 것을 가르치고 있다는 것을 알고 있다. 우리는 그분이 우리의 기도에 응답해 주신 적이 있다는 것을 안다. 그리고 우리는 그분이 다른 사람들의 기도에 응답하시는 것을 보았다. 그러나 우리는 왜 그분이 항상 기도에 응답하시지 않는가에 대해서 여전히 고심하며 그 이유를 알고 싶어 한다.

기도의 장려

먼저 예수님은 우리에게 기도하도록 장려하신다. 그분은 우리에게 구하라, 찾으라, 그리고 문을 두드리라고 말씀하신다. 우리는 필요한 것을 구하고, 분별력을 얻으려고 애를 쓰고, 우리 앞에 놓여 있는 기회의 문을 두드린다. 주님은 삶의 모든 분야에서 우리가 찾고 있는 것을 하늘의 아버지께 말씀드림으로 찾을 수 있다고 말씀하신다. 어떤 사람은 하나님께 물질적인 것들을 구해야 하는지에 대해서 묻는다. 그 대답은 9-10절에 있다. 현명한 부모들은 그들의 자녀들이 필요한 것을 채워 주기 위해서 할 수 있는 모든 것을 한다. 이것은 물질적으로 필요한 것뿐만 아니라 영양섭취나 영적으로 필요한 것을 포함한다. 11절을 보자. 이것은 우리가 우리의 자녀들에게 주는 물질적인 선물들을 하나님이 같은 방법으로 우리들에게 더 충분하게 주시기를 원하신다는 증거이다. 그러나 우리가 그분을 성가시게 할 특권이 있는가?

아니다! 분명히 말해 물질적인 면에서나 어떤 다른 면에서 우리가 하나님을 마음대로 할 방법은 없다.

우리가 그럴만한 가치가 있는가?

몇몇 사람들이 가지고 있는 또 하나의 고민은 자신들의 기도에 대해서 하나님의 응답을 받을 자격이 없다고 생각하는 것이다. 그러나 하나님이 응답하시는 모든 기도의 근거는 우리들을 향하신 그분의 사랑이다. 갈보리가 가치의 문제를 단번에 해결했다. 그분의 사랑으로, 우리는 그분이 주신 가장 큰 선물을 받을 가치가 있다. 우리는 그분의 아들을 선물로 받았다. 그 결과, 우리가 구하는 어떤 것도 부차적인 것이 되었다.

왜 우리가 아주 대수롭지 않은 것에서 하나님을 믿는 것이 그토록 어려운가? "너는 네가 누구라고 생각하기에 하나님께 무엇인가를 구하느냐?"고 말하는 것은 사탄이다.

이 질문에 대한은 대답은 단 하나이다. "나는 왕의 자녀이다. 나는 하나님이 보시기에 참으로 가치가 있다. 그분이 그분의 유일하신 아들을 나를 위해 죽도록 보내셨다. 만일 그분이 나를 위해서 죽으셨다면, 의심할 여지없이 내가 필요한 것을 나에게 주실 것이다."

　세상에서 우리들을 축복하시는 하나님의 태도에 대해서 정반대의 생각을 하는 두 집단이 있다. 한 집단은 우리가 가난하게 살고, 박해를 받고, 그리고 하나님께 희생 제물로 가난하게 죽어야 한다고 생각한다. 정반대 집단은 우리 모두가 하나님께 구하기만 하면 그분이 축복을 쏟아 붓기 시작하신다고 믿는다. 그분은 우리가 무엇을 구하든지 주실 것이다. 이 집단에 따르면, 우리가 하나님께서 해주시기를 바라는 모든 것이 당연하다고 생각된다. 그러나 이 견해들은 둘 다 극단적이다. 어느 쪽도 균형이 맞지 않는다.

그분의 자녀들의 축복에 대한 하나님의 태도

　하나님은 우리를 사랑하셔서 우리가 필요한 모든 것을 채워주시기를 원하신다. 그분은 우리들의 마음에 소원을 주신다(시 37:4). 그러나 하나님은 우리가 단지 그분의 손이 아니라, 그분의 얼굴을 구하기를 원하신다. 우리의 기도가 자신이 "원하는 것"으로 채워질 때 위험한 것은 우리의 눈이 하나님이 아니라 하나님의 축복을 의존하는 것이다. 하나님은 그분이 우리를 사랑하는 마음으로 주시는 것처럼, 우리가 그 보답으로 그분을 사랑하기를 원하신다. 우리가 그분을 사랑할 때, 우리는 단지 그분의 축복이 아닌 그분을 구할 것이다. 우리의 주의력의 방향을 바꾸기 위해서, 그분은 종종 하늘의 창문을 닫을 것이다. 그렇지 않으면, 우리는 우리의 그릇된 생각을 무턱대고 계속 의존할 것이며, 그분이 의도하신 대로 그분을 알려고 하지도 않을 것이다.

우리 하늘의 아버지는 우리를 그토록 사랑하셔서 우리가 구하는 것을 주기를 원하신다. 그러나 그분은 언제나 그분이 염두에 두고 계시는 것과 대조하여 우리의 소원이 우리들에게 알맞은 것인가를 판단하실 것이다. 그것이 우리가 하나님이 어떤 기도를 응답하지 않으실 때 어리석게 불평하는 이유이다. 그분의 결정이 우리들에게 가장 최선의 것이므로, 우리는 그분이 이미 우리가 가질 수 없다고 말씀하신 것을 달라고 그분께 말씀드리려고 해서는 안된다.

우리 가족이 처음에 애틀랜타(Atlanta)로 이사했을 때, 우리는 우리에게 적당한 집을 얻기 위해 한 달 넘게 찾아 다녔다. 우리는 그때까지 친구와 함께 살고 있었다. 마침내 아내가 찾고 있던 바로 그 집을 찾아냈다고 나에게 말을 했을 때, 나는 감격했다.

우리는 집을 찾기 위해 기도를 해왔고, 당연히 이것은 주님의 응답이라고 생각되었다. 그래서 우리는 대출을 신청했고, 날마다 그 대출 승인을 받게 해달라고 하나님께 기도했다. 하나님이 정말로 그렇게 해주시라고 믿었다. 우리는 그분께 미리 감사까지 했다.

일주일 뒤에, 은행에서 우리의 대출이 거절되었다는 통지를 받았다. 이것은 엄청난 충격이었다. 이날까지 나는 그들이 우리의 대출을 거절한 이유를 알 수가 없었다. 따라서 우리는 하나님이 무엇을 하려고 하시는지를 이해할 수가 없었다. 우리는 "왜 우리의 기도에 응답하지 않으셨는가?"를 하나님께 물었다.

하나님은 다음날 무시무시한 폭풍우를 보내심으로 그 질문에 대해서 대답하셨다. 우리가 사려고 했던 그 집의 지하층이 물 찌꺼기로 거의 넘쳤다. 우리는 지하층을 공부방과 창고로 사용할 계획을 세웠었다. 그러나 하나님은 우리가 그분의 뜻을 오해하고 있을 때조차도 우리를 돌보고 계셨던 것이다. 일주일 후에 우리는 적절한 집을 찾았고, 8달 동안 거기서 즐겁게 지냈다.

우리는 우리를 향하신 하나님의 사랑의 근원을 알기 때문에, 그분이 우리의 기도에 응답하시도록 하는 상태로 들어가는 방법을 알아야 할 필요가 있다. 문제는 하나님의 능력에 있는 것이 아니다. 그분은 우리가 구하거나 생각하는 것보다 더 많은 것을 하실 수 있다. 사실상, 하나님께는 문제가 전혀 없다. 문제는 우리에게 있다.

우리가 기도의 응답을 받기 위해 적용해야할 6가지 조건이 있다.

올바른 관계

무엇보다도 먼저, 우리는 그분과 올바른 관계를 가져야 한다. 시편 기자는 "내가 마음에 죄악을 품었더라면 주께서 듣지 아니하시리라" (시 66:18)라고 기록했다. 이것은 우리가 잘못을 할 때마다 하나님이 "창문을 꼭 닫고 모든 문을 잠그라, 그 사람에게 축복은 더 이상 없다" 라고 말씀하시는 것을 의미하는 것은 아니다. 만일 이것이 사실이라면 우리 가운데 어느 누구도 지금까지 전혀 기도에 대한 아무런 결과도 얻지 못했을 것이다.

그러나 우리가 악을 지향하고 고의로 악을 행하려고 결심한다면, 하늘의 창문은 닫히고 하나님과의 교제는 깨질 것이다. 이것은 우리가 영적으로 죄를 저지를 때마다 하나님이 우리의 기도를 듣기를 거절하신다는 것을 의미하는 것은 아니다. 그분은 우리가 어디에 있는지 우리가 어떤 어려움에 처해 있는지를 알고 계신다. 그러나 그분은 그분이 이미 알고 있는 우리의 삶 속에 있는 죄와는 타협하지 않으신다.

우리는 우리의 시각을 하나님께 고정시켜야 한다. 그분이 우리의 생전에 삶의 목적이 되어야 한다. 우리는 그분의 교훈과 우리에게 주시는 지침에 따라 살려고 애를 써야 한다.

 올바른 방법

올바른 방법은 우리가 기도로 어떻게 주님께 나아가야 하는가에 대한 문제의 답이다. 답은 명확하다. 예수님은 우리가 그분의 뜻대로 구하고 믿는 것은 무엇이든지 실제로 우리의 것이 될 것이라고 말씀하신다. "그러므로 내가 너희에게 말하노니 무엇이든지 기도하고 구하는 것은 받은 줄로 믿으라 그리하면 너희에게 그대로 되리라"(막 11:24). 바꾸어 말하면, 우리가 믿음으로 우리의 것이라고 생생하게 마음에 그릴 수 있는 것은 무엇이든지 하나님이 그렇게 하실 것이다. 우리는 기도할 때 진열창에 있는 물건만 구경하면서 다녀서는 안 된다. "주여, 모든 선교사님들과 아빠와 엄마를 도와 주시옵소서. 교회를 축복하여 주시옵소서…" 이와 같이 기도하는 것은 식당에 들어가서 종업원에게 "먹을 것과 마실 것"을 원한다고 말하는 것과 같다. 이

것은 우리가 막연한 기도를 할 때 그것은 우리가 간구하는 것이 참으로 우리에게 중요한 것이 아니라는 것을 보여 주는 것이다. 그럼에도 불구하고 우리는 모두 들떠서 하나님이 무엇인가를 하시기를 기대한다.

물론 하나님은 우리가 무엇을 생각하고 있는지를 알고 계신다. 문제는 우리의 대부분의 기도가 마음에 구체적인 것이 아무것도 없다는 것이다. 하나님은 그와 같은 기도를 응답하실 수도 있지만, 우리는 결코 무슨 응답을 받았는지 알지 못할 것이다. 그뿐만 아니라, 그분은 영광을 얻지 못하실 것이고, 우리는 기도가 응답되었다는 것을 체험하는 축복을 받지 못할 것이다.

딸 아이 베키(becky)에게 자동차를 사주어야 할 때가 되었을 때, 나는 베키에게 어떤 차를 사고 싶은지 물었다. 베키는 갖고 싶은 차에 대해서 이미 기도하고 있었고 원하는 자동차의 정확한 연도, 모양, 색상, 차의 내장재에 대해서도 알고 있었다. 따라서 우리는 그녀가 원하는 자동차를 찾기 시작했다. 나는 딸아이에게 구체적으로 기도하라고 가르쳐왔지만, 그렇게까지 구체적으로 기도하리라고는 생각지 못했다. 우리가 차의 어떤 특징을 살펴보아야 하는지 또는 값이 타당한지와는 관계없이, 딸은 처음에 하나님께 구했던 차를 고집했다. 이것이 몇 달 동안 계속되었다.

그러던 어느 날 밤 나의 아들이 구인 광고를 샅샅이 살펴보고 있었는데 뜻밖에 베키가 찾고 있는 바로 그 차가 그의 눈에 띄었다. 그 차는 베키가 바라던 구조, 색상, 모양, 그리고 연식의 자동차였다. 우리는 그 차의 소유자와 대화해 본 결과, 우리는 그 차가 베키가 원하던 바로 그 차라는 것을 확신했다. 우리는 우리가 올바른 결정을 하는지를 상세히 알기 위한 많은 기도를 필요로 하지 않았다. 우리 모두가 기도를 해왔기 때문이다.

하나님은 우리들에게 구체적인 기도를 장려하신다. 일단 우리가 무엇인가를 결정하면, 우리는 그것에 대해서 기도를 계속해야 한다. 그렇게 하지 않는다면 믿음의 부족을 드러내는 것이다. 시편기자는 "그분이 너의 마음에 "필요한 것"을 너에게 주실 것이다"라고 말하지 않았다. 그는 오히려 그분이 너에게 마음의 "소원"을 주실 것이다"(시 37:4)라고 말했다. 우리는 우리가 구하는 것은 실제로 문제가 되지 않는다는 것을 알아야 한다. 문제가 되는 것은 우리의 마음의 자세이다. 하나님은 그분의 자녀를 축복하기를 원하시지만, 관계와 방법이 타당해야 한다.

 올바른 간구

우리가 알아야 하는 세 번째 양상은 올바른 간구를 하는 방법이다. "그를 향하여 우리가 가진 바 담대함이 이것이니 그의 뜻대로 무엇을 구하면 들으심이라"(요일 5:14). 우리는 그분의 뜻대로 구해야 한다. 그러나 우리의 간구가 그분의 뜻에 합당한지를 어떻게 알 수 있는가?

첫째, 우리는 필요로 하는 것에 대한 우리의 소원을 그분께 말씀드려야 한다. 때로 우리는 어떤 것을 해 주셨으면 하고 하나님께 바라는 것에 대해서 죄의식을 느낀다. 그래서 우리는 우리의 소원을 숨긴다. 그러나 만일 우리가 원하는 것에 대한 하나님의 심정을 알려면, 우리는 우리의 소원을 고백해야 한다. 따라서 우리는 중립이 어떻게 해서든지 문제가 되지 않을 정도까지 하나님이 우리를 완전한 중립에 이르게 하시도록 해야 한다. 중립은 우리가 원하는 것 이상으로 하나님이 원하시는 것을 우리가 원하는 것을 의미한다. 이것은 약간의 시간과 기도가 필요할 수도 있지만, 그것은 하나님의 뜻을 찾는 데 있어서 필수적인 단계이다.

때로는 우리는 어떤 것에 대해서 중립에 이르자마자, 우리는 그것에 대한 우리의 모든 소원을 잊어버리게 된다. 이것은 하나님이 우리들에게 그분의 뜻을 보여주시는 하나의 방법이다. 다른 때에는 우리가 중립에 이르자마자, 하나님은 간구하려는 우리의 마음을 제한하신다. 우리는 간구를 하는데 있어서 더 이상 평안을 느끼지 못할 것이다. 중립은 간구에 애착을 갖게 하는 감정을 다소 없앤다. 우리의 감정이 중립이 되어서 주님께 맞추어 졌을 때, 애매모호하고 불확실하던 것이 분명해지기 시작한다. 그 결과 우리는 하나님의 의향을 더 분명하게 깨달을 수 있다.

올바른 법칙

우리들 대부분은 기도를 끝마칠 때, 기도 끝에 "예수님의 이름으로"를 덧붙여 말한다. 어떤 사람은 습관적으로 하고, 다른 사람들은 응답을 보증하는 마법 같은 문구로 생각한다. 우리는 요한복음 14장 14절을 읽고 우리의 기도가 응답받는 유일한 조건이 "예수님의 이름으로"라고 말씀하는 것이라는 잘못된 결정을 내린다. 이것은 오해이다. 왜냐하면 또 다른 조건이 있기 때문이다. 그것은 우리가 주 안에 거해야 한다는 것이다(요 15:7).

　예수님의 이름으로 기도하는 것은 우리가 기도에 덧붙이는 강조어구 이상이다. 그것은 기도 그 자체의 특성이다. 예수님의 이름으로 기도하는 것은 예수님이 우리가 처한 환경에서 간구하셨던 것과 같은 입장에서 무엇인가를 구하는 것을 의미한다. 기도는 그분이 우리를 통해서 그분의 삶을 사시므로 그분의 본성 그리고 성품과 교제하는 것을 의미한다. 그분은 우리 안에 거하신 이후로, 우리를 통해서 살기를 원하실 뿐만 아니라, 게다가 우리를 통해서 중재하기를 원하신다.

　번번이 우리는 세상적인 것같이 보이는 것들을 구한다고 생각한다. 그러나 그것들은 우리에게 실제적으로 필요한 것이고, 따라서 하나님은 그것들을 기꺼이 채워주신다. 그것들이 영적으로 필요한 것이든지 또는 물질적으로 필요한 것이든지, 그분께는 거의 차이가 없다. 그분은 우리가 필요한 모든 것을 채워 주시는 것을 기뻐하시는 우리의 사랑의 아버지이시다. 그러나 기도의 끝에 "예수님의 이름으로"를 덧붙이기 전에, 우리는 기도하는 모든 것이 그분의 성품과 일치하는지를 확인해야 한다.

올바른 태도

야고보서는 간구할 때 우리가 가져야 하는 태도를 설명한다. 우리가 구하는 것이 하나님의 뜻에 합당한지를 의심하면서 하나님께 나아가면, 우리는 갈팡질팡하는 그리스도인들인 것이다. 종종 우리는 구하는 것에 대해서 확신을 느끼고 친구들에게 이야기한다. 그러면 그들은 우리가 잘못되었다고 말한다. 그런 이야기를 들은 후 우리는 오락가락 흔들린다. 확신을 해야 하는가 아니면 확신을 하지 말아야 하는가? 야고보는 갈팡질팡하는 그리스도인들에게 이렇게 말했다. "이런 사람은 주께 얻기를 생각하지 말라"(약 1:7).

의심과 기도는 조화되지 않는다. 의심은 감정이나 다른 사람의 의견에 의존할 때 생긴다. 기도 중에 믿음이 흔들리는 사람은 "두 마음을 품은 사람"이며 "모든 일에 정함이 없는 사람"이다(약 1:8). 그는 단지 기도 생활만 불안정한 사람이 아니라, 모든 생활 습관도 변하기 쉬운 사람이다. 하나님에 대한 우리의 믿음은 우리의 삶의 방향을 결정한다. 왜냐하면 만일 그분을 믿는 우리의 믿음이 갈팡질팡 한다면, 우리가 어디에 우리의 확신을 두어야 하겠는가?

1981년 겨울, 우리 교회는 현재 건물과 붙어 있는 부동산의 한 구획

반을 구입할 기회를 제안받았다. 최종 가격은 현금으로 2백 85만 달러였다. 은행이 자진해서 21%의 이율로 우리들에게 돈을 빌려 주겠다고 했다. 그러나 나는 하나님이 우리가 그 돈을 빌리기를 원하신다는 생각이 들지 않았다. 그분은 우리의 믿음을 성장시키기를 원하셨다.

12개월 동안 우리 성도들은 부속 부동산과 수리를 위해서 사전에 120만 달러를 지불했다. 최종기한 2주 전 우리에게는 12만 5천 달러밖에 없었다. 특히 성도들이 이미 얼마나 많이 바쳤는가에 비추어볼 때, 은행의 도움 없이 잔금을 치루는 것은 불가능하게 보였다.

주일날 아침에 나는 역대상 29장을 설교했는데, 그것은 성전을 건축할 기금을 준비하기 위한 다윗의 요청에 이스라엘 백성들이 보인 반응에 관한 이야기다. 1부 예배가 끝날 무렵, 한 젊은 남자가 자신의 결혼반지를 기금으로 바쳤다. 그것은 그와 그의 아내가 유일하게 소유하고 있는 귀금속이었다. 그들은 지난주에 도둑을 맞아서 다른 보석 모두를 잃어버렸던 것이다.

2부 예배 때, 나는 1부 예배 때와 똑같은 설교를 했고 이 부부의 헌신적인 충성심에 대해서 이야기 했다. 설교가 끝날 즈음에, 나는 저축

한 돈이 있거나 또는 우리와 같이할 사람들을 초청했다. 사람들은 성전 앞과 회중석의 통로 여기저기로 모여들었다. 그들은 다이아몬드 반지, 팔찌, (귀고리 목걸이 팔찌 따위를 늘어뜨린)장식, 시계, 목걸이 등을 바쳤다. 자동차, 캠프용 트레일러, 주식과 채권 등을 작정한 사람들도 있었다. 다음 금요일 까지 우리는 135만 달러가 필요했다. 성도들이 얼마나 많은 돈을 바쳤고 우리가 앞으로 얼마나 많은 돈이 더 필요한가를 생각할 때마다 나의 믿음은 급속히 떨어졌다. 그러나 내가 혼자서 기도하면서 주님과 시간을 보낼 때, 주님은 항상 똑같은 말씀을 하셨다. "나를 믿으라." 나는 이내 반복되는 경험을 했다. 나는 어떻게 그 돈을 모을 수 있을 수 있을까 생각하려고만 해도, 나의 믿음은 흔들렸다. 그러나 내가 전적으로 의지할 곳이 없다는 것을 받아들이기만 하면, 나의 믿음은 독수리처럼 솟구쳤다.

다음 주일이 되어 설교하기 위해 강단에 올랐다. 이제 최종기한은 24시간 밖에 남지 않았는데, 우리가 지불해야할 돈은 아직도 150만 달러가 모자랐다. 나는 액면 그대로의 액수를 생각해 볼 때, 그것은 전혀 불가능할 것처럼 보였다. 그러나 나는 무엇을 해야 하는지를 알고 있었다. 하나님과 나는 그것을 그 전 날에 결정을 했다.

나는 나의 약하고 흔들리는 믿음과 씨름하면서 기도로 토요일을 보냈는데, 하나님은 나에게 매우 분명하게 말씀하셨다. 나는 우리가 조금도 돈을 빌리지 않을 것이라는 것을 공개적으로 선언해야 한다. 우리는 주님만을 신뢰해야 한다. 왜냐하면 우리에게 필요한 것을 채워 주시는 주님이 신실하신 분이라는 것을 주님께서 입증하시도록 해야 하기 때문이다. 그분은 나에게 격려와 권고의 말씀으로 이사야 50장 7-11절 말씀을 알려 주셨다.

나는 성도들에게 이 각오를 이야기하면서, 우리가 조금도 돈을 빌리지 않을 것이라는 것을 분명하게 말했다. "우리는 모든 다리를 불태우고 도망갈 모든 통로를 가로막아야 합니다. 우리의 믿음을 그분께, 오직 그분께만 두어야 합니다." 라고 나는 말했다.

나는 머리 한가닥을 들어 올려서 모든 후퇴하는 통로를 절단하는 것을 상징하기 위해서 가위로 잘랐다. 내가 그렇게 했을 때, 성도들에게 무엇인가가 일어났다. 그들은 토지, 가옥 등을 양도했다. 그 주일 저녁까지 그들은 추가로 1백만 달러를 바쳤다. 마감시간 30분 전에 우리는 285만 달러를 모았다.

그렇다면 기도할 때 올바른 태도는 무엇인가? 예수님은 그것에 대한 요점을 간략하게 말씀하신다. "그러므로 내가 너희에게 말하노니 무엇이든지 기도하고 구하는 것은 받은 줄로 믿으라 그리하면 너희에게 그대로 되리라"(막 11:24). 믿음은 일어나지 않은 것을 마치 그것이 이미 일어난 것처럼 생생하게 마음에 그리는 능력이다. 일단 우리가 그것을 구체화하면, 우리는 믿음으로 예측한 대로 되도록 하기 위해서 우리가 확신하고 있는 것에 따라서 행동해야 한다. 우리의 믿음은 우리가 어떻게 느끼느냐 또는 우리의 오감이 우리에게 무엇을 말하느냐에 근거하는 것이 아니라, 하나님이 그분의 말씀으로 말씀하시는 것에 근거해야만 한다. 감정과 환경은 변한다. 그러나 하나님은 결코 변하지 않으신다. 올바른 태도는 믿음의 하나이다.

올바른 동기

마지막으로, 우리는 올바른 동기를 가져야 한다. 그리스도께서는 이렇게 말씀하셨다. "이와 같이 너희 빛이 사람 앞에 비치게 하여 그들로 너희 착한 행실을 보고 하늘에 계신 너희 아버지께 영광을 돌리게 하라"(마 5:16). 우리가 행하는 모든 것에 대한 동기가 아버지께 영광이 되어야 한다. 어딘가 현세적이고 겉보기에 사소한 물질적인 것을 구하는 기도가 하나님께 영광을 돌릴 수 있는가? 그렇다! 그러나 우리의 필요한 것과 바라는 것을 채우시는 하나님의 신실하심을 다른 사람들에게 기꺼이 증거하고 그들과 나룰 때에 만 영광을 받으실 것이다. 이렇게 하여 하나님은 그분이 응답하시는 모든 기도에 대해서 영광을 받으실 것이다.

사람들은 응답받은 기도에 대해서 구체적으로 전해 들을 때, 믿음이 강해진다. 우리가 구하는 것은 하나님이 받으실 영광과 비교하면 정말로 보잘 것 없는 것이다. 우리가 단지 구하는 것을 얻는 것보다 하나님께 영광을 돌려드리는 기도에 우리의 시각을 맞춘다면, 하나님은 우리의 기도에 응답하시는 것을 크게 기뻐하실 것이다.

우리의 기도가 하나님께 영광을 돌리려면, (1) 예수 그리스도를 통해서 그분과 올바른 관계를 가지고 시작해야 한다. (2) 구체적으로 구해야한다. (3)우리를 향하신 그분의 뜻대로 기도해야한다. (4) 예수님의 이름으로 기도해야 하고 그분의 성품과 조화되는 기도를 해야 한다. (5) 감정 또는 다른 사람의 의견에 근거하는 것이 아니라, 하나님의 말씀에 근거한 믿음으로 구해야 한다. (6) 올바른 동기를 가지고 기도해야 한다. 우리가 행동하고, 말하고, 구하는 모든 것은 하나님께 영광이 되어야 한다.

만일 당신의 기도가 응답받지 못한다면, 이 6가지 조건을 점검하라. 당신의 기도에 응답하시는 것이 하나님의 소망과 기쁨이시다. 나는 하나님이 기도에 반드시 응답하실 위치에 당신 스스로 서게 되기를 기도한다.

06

왜 우리의 기도가 응답받지 못하는가?

믿음이 없이는 하나님을 기쁘시게 하지 못하나니
하나님께 나아가는 자는 반드시 그가 계신 것과
또한 그가 자기를 찾는 자들에게 상주시는 이심을 믿어야 할지니라

(히브리서 11:6)

우리 교회의 성도인 프랜시스(Frances)가 어느 날 오후 울면서 내 사무실로 들어왔다. 남편이 그녀에게 이혼을 요구했다는 것이다. 프랜시스는 남편이 무엇 때문에 이혼을 하자는 것인지 이해할 수 없었지만, 결혼 생활을 회복시키기 위해 무엇이든 했다. 우리는 의견을 나눈 후, 함께 기도에 전념하기로 했다.

프랜시스는 열심히 기도했다. 그녀는 너무 절실해서 그녀의 많은 친구들에게 기도를 부탁했고, 그들은 함께 금식하며 기도했다. 기도에 참여한 사람은 누구나 그녀의 남편이 머지않아 마음을 바꿀 것이며 하나님이 프랜시스의 가정을 회복시켜 주실 것이라고 믿었다.

그렇지만 6개월 후에 그들은 이혼하기로 결말을 지었다. 프랜시스와 그녀의 14살 된 아들은 거의 아무것도 없이 버림을 받았다. 그럼에도 불구하고 그녀는 이에 굴하지 않고 꾸준히 기도했고, 하나님이 그녀의 남편의 마음을 누그러지게 해 주실 것이라는 것을 확신했다. 다시 한 번, 교회의 모든 성도들은 프랜시스와 함께 기도했다.

그러던 어느 날 아침 프랜시스의 남편은 그녀에게 전화를 해서 한 젊은 여자와 결혼하려고 한다는 그의 재혼 계획을 털어놓았다. 이것은 프랜시스를 망연자실 하게했다. 그날 늦게 프랜시스는 부어오른 눈으로 나를 찾아와 물었다. "스탠리 박사님, 왜 하나님이 나의 기도를 들어주지 않으셨을까요?"

프랜시스의 질문은 겉으로 보기에 열매 없는 기도를 하는 하나님의 모든 자녀의 마음을 스쳐가는 의문이다. 많은 사람들은 응답받지 못하는 기도에 대해서 모르는 체 한다. 그러나 프랜시스와 같은 경우, 상처가 너무 커서 묵살할 수가 없었다. 왜 하나님이 그녀의 기도를 "응답하지 않으셨을까?"

우리가 평생 동안 결코 이해하지 못할 것들이 있다. 그러나 응답받지 못하는 기도의 문제에 대해서, 하나님은 우리가 알고 싶어하도록 내버려두지 않으셨다. 기도는 성패를 운에 맡기는 게임을 의미하는 것이 아니다. 우리는 하나님이 부스러기를 길에 던지실 때 주인의 상에서 떨어지는 부스러기를 받아먹도록 버려진 종이 아니다(요

15:15).

기도는 자녀가 아버지께 구하는 것이다. 세상의 모든 좋은 아버지처럼, 우리의 하늘 아버지도 우리가 구하는 것들을 얻지 못하는 이유를 기꺼이 말씀하신다. 그러나 우리는 하나님이 우리에게 그 이유를 말씀하시기 전에 구해야만 한다(약 4:2).

하나님은 모든 기도를 응답하신다. 그분은 "예스", "노", 또는 "기다려라" 고 응답하신다. 하나님이 "노"라고 말씀하시는 실례를 보자. 우리 모두는 한 번 이나 두 번 하나님께 필요한 것을 구했지만, 우리가 구한 것에 응답받지 못한 경험이 있다. 우리는 우리가 원하는 것만큼 많은 변명을 할 수 있지만, 사실은 우리가 구한 것을 하나님이 응답하지 않으신 것이다.

일반적으로 기도가 "노"라고 응답될 때, 우리는 우리의 삶속에서 죄를 찾는다. 때로는 죄가 문제지만, 몇 번이고 고백해야 할 죄는 없다. 그럼에도 불구하고 우리의 기도는 여전히 "노"라는 응답을 받는다. 먼저 이 문제를 검토해 보자. 우리가 하나님 앞에서 지은 죄를 회개함으로 인해 우리는 하나님 앞에서 깨끗해 졌음을 알고 있다. 그런데도 왜 하나님이 우리의 기도에 "노"라고 응답하시는가?

우리는 하나님을 구해야 한다

하나님은 우리가 기도에 응답 받으려고 애쓰는 것보다 그분을 더 구하기를 원하신다. 우리가 기도로 하나님께 나아갈 때, 간혹 우리는 마음이 우리가 원하는 것으로 가득 차 있어서 하나님을 잊어버릴 때가 있다. 우리의 마음은 선물을 주시는 분보다도 오히려 선물에 마음을 빼앗긴다. 이것이 대부분의 기도에 있어서 근본적인 문제이다. 우리가 어떻게든 응답받지 못하는 기도에 대해서 검토하는 다른 모든 이유는 이 문제와 관련이 있다. 만일 우리가 주의하지 않는다면, 하나님은 우리의 어떤 목적의 수단이 된다. 그러나 하나님은 목적이 되기를 원하신다. 우리가 그분을 구하고, 그분만을 구하는 것이 그분의 소원이다.

하나님은 그분의 아들의 형상을 본받게 하기 위해서 그분의 뜻에 따라서 우리를 예정하셨다(롬 8:29). 하나님 보시기에 가장 중요한 것은 우리가 우리 안에서 그리스도의 생명을 체험하는 것이다. 이것은 우리가 구하는 모든 것을 반드시 주신다는 것을 의미하는 것이 아니다. 그와 반대로, 그분은 우리들이 그분의 궁극적인 뜻과 일치하는 것들만 얻도록 하실 것이다. 불행하게도 우리는 기도할 때 중요한 실상을 깨닫지 못한다. 우리는 우리가 당장 필요한 것과 원하는 것에 집중하기 때문에 하나님이 궁극적으로 그분의 형상을 본받게 하시려는 것(골 3:10)을 잊어버린다. 우리의 죄를 모두 고백했으므로 아버지와 우리의 관계에 방해가 되는 것은 아무 것 없다할지라도 그러나 하나님은 우리가 우리의 주의를 그분께 기울여야 할 필요가 있다는 것을 발견하시면 기도의 응답을 보류하실 것이다.

우리는 그분을 신뢰해야 한다

하나님은 또한 우리가 그분을 신뢰하도록 가르치시기 위해서 기도의 응답을 보류하신다. 만일 우리가 하나님께 무엇인가를 구할 때마다, 우리가 원하는 모든 것을 우리에게 주신다면, 무슨 일이 일어날까? 우리는 곧 기도의 응답을 당연한 일로 생각하고 그분을 경시할 것이다. 그 결과, 우리는 하나님이 가장 큰 축복 가운데 하나인 그분을 신뢰하는 법을 배우는 것을 놓치게 될 것이다.

우리가 구하는 무엇인가를 즉석에서 받는다면 우리에게는 믿음이 필요 없다. 그러나 믿음이 없이는 그분을 기쁘시게 하는 것이 불가능하다(히 11:6). 하나님은 우리가 꼭 붙들 확실한 증거가 없을 때도 그분이 그분의 말씀을 지키신다는 것을 우리가 여전히 믿는지를 알기를 원하신다. 우리는 보통 하나님이 말씀하시는 것과 우리가 보고 듣는 것 사이에서 이리저리 심하게 흔들린다. 그러나 하나님은 우리의 믿음을 키우기 위해서 이 시련을 사용하신다(약 1:2-3). 기도하지도 않고 믿지도 않는 것은 하나님을 거짓말쟁이로 부르는 것이다. 기도하지도 믿지도 않는 것은 하나님의 전능하신 지혜보다도 어떤 상황에 대한 우리의 이해력을 더 믿는 것이다.

하나님은 우리들을 조롱하거나 또는 우리의 감정을 우롱하기 위해서 그분의 응답을 보류하지는 않으신다. 응답을 보류하심으로, 그분은 우리가 기도를 끈질기게 되풀이하고, 우리의 눈이 그분을 계속 집중하고, 그리고 우리리가 우리의 감정을 무시하도록 가르치신다. 그분은 우리가 보는 것에 관계없이, 그분의 말씀에 근거해서 그분을 완전히 믿기를 원하신다. 우리가 계속되는 난처한 입장에서 자신이 신뢰할 만한 분임을 하나님께 보여 주시도록 한다면, 그분을 더 쉽게 신뢰된다.

그분은 우리를 준비시키신다

하나님이 우리의 기도를 보류하시는 또 다른 이유는 그분이 우리를 준비시키는 중에 있기 때문이다. 많은 젊은이들이 결혼 상대자를 보내 달라고 주님께 기도하고 또 기도한다. 그들이 20대 후반에 접어들면 대다수의 젊은이들은 자신들의 처지에 대해서 하나님이 가지고 계시는 관심에 대해서 묻는다. 그들은 이렇게 말한다. "하나님이 무엇을 기다리고 계시는가?" 그분은 그들이 준비가 되었다는 것을 확신하실 때까지 기다리실 수도 있다.

내가 차차 나이가 들어서 나의 삶을 돌이켜 볼 때, 만일 하나님이 내가 원하는 시기에 따라 내 기도에 응답하셨다면, 내가 모든 경우에 그분이 가지고 계시는 제일 좋은 것을 놓쳤을 것이라는 것은 의심할 여지가 없다. 우리가 구하는 것 대부분이 하나님의 뜻 안에 있지만, 우리가 원하는 시기에서 벗어난다.

예를 들어, 당신의 다섯 살 난 아들이 주머니칼과 손전등을 원한다고 가정해보자. 아이에게 손전등을 주는 것은 아마 조심하지 않아도 될 것이다. 그러나 칼을 맡기기에는 아이가 너무 어리므로 좀 더 성장할 필요가 있다. 마찬가지로 하나님은 그분이 준비하고 있는 모든 영적, 물질적인 축복을 우리가 체험하도록 허용하기 전에 어떤 부분에 서 우리가 영적으로 성장하기를 기다리고 계신다(엡 1:3).

때로는 하나님은 더 좋은 것을 가지고 계신다.

하나님이 우리의 기도 응답을 보류하시는 네 번째 이유는 그분이 우리가 구하는 것보다 더 좋은 것을 우리에게 주기를 원하시기 때문이다. 그것은 우리가 받을 만한 것 이상, 우리가 구하는 것 이상, 그리고 우리가 바라는 것 이상이 될 수도 있다. 이것에 대한 하나의 멋진 실례는 나사로의 이야기이다(요 11). 예수님이 나사로를 즉시 치료하셨더라면, 우리는 예수님이 행하신 가장 큰 기적 가운데 하나를 놓쳤을 것이다. 그러나 예수님은 겉으로는 그들의 오빠를 구원해달라는 마리아와 마르다의 간청을 무시하셨다. 바로 우리처럼, 그들은 예수님이 기다리신 이유를 깨닫지 못했다. 그러나 사람이 치료받는 것과 죽은 자 가운데서 부활하는 것 중에서, 어느 것이 더 큰 축복인가? 처음에는 무감각적으로 이해되던 것이 결국은 깊이 관련된 사람은 누구나 영광스러운 체험을 하는 결과가 되었다.

1971년 우리 교회의 텔레비전 방송이 교회 내부의 갈등 때문에 중단되게 되었다. 갈등이 해결된 후, 우리는 이전에 방송하던 시간대에 다시 방송을 할 수 있게 해달라고 방송국에 부탁하였으나 그들은 방송 시간을 파는 것조차도 거절했다.

우리는 하나님이 우리가 텔레비전 방송을 하기를 원하신다는 것을 믿었다. 그러나 몇 가지 이유 때문에 실행하지 못하고 있었다. 그 때문에 우리는 하나님께서 다시 한 번 텔레비전 사역을 시작하게 해 달라고 기도했다. 우리가 기도를 시작했을 때, 우리는 무엇인가 곧 열릴 것 같은 생각이 들었다. 그러나 그 때는 무엇인가가 일어나기 일 년 전이었다.

일 년 후 우리는 2개의 다른 방송국으로부터 그들의 주말 프로그램에 참여해 달라는 요청을 받았다. 우리의 방송은 전과 같이 흑백 방송이 아니라 컬러 방송이 되었다. 하나의 기회가 오늘날 우리의 예배를 위성으로 나라 전역에 방송될 정도로까지 또 다른 기회로 이끌었다.

하나님은 그 방송을 제대로 되돌려 놓기 위해 우리의 기도에 응답하지 않으셨던 것이다. 그분은 우리가 구하는 것보다 훨씬 더 좋은 것을 주셨다.

우리의 마음의 상태가 기도응답의 결정적인 요인이 되지 않을 때 하나님이 기도의 축복 또는 응답을 보류하시는 네 가지 이유가 있다. 하나님의 시각은 우리보다도 더 포괄적이시다. 하나님은 우리의 일생에 대한 전반적인 목적을 가지고 계신다.

하나님이 기도를 응답하지 않으시는 이유가 지금까지 언급한 네 가지뿐 이라고 말한다면 아주 좋겠지만, 더 있다. 다음 일곱 가지 이유는 하나님이 우리의 기도를 응답하시기 전에 우리가 해결해야할 부분을 포함하고 있다.

가족 관계

첫째, 우리의 가족 관계가 정상적이지 않을 때 기도가 막힌다(벧전 3:1-7). 생각해 보라. 우리가 자비로우시고 은혜로우시고 사랑이 많으신 하늘의 아버지와 교제를 나누면서, 동시에 어떻게 우리의 가족을 정중히 대우하지 않을 수 있는가? 만일 우리가 우리와 가족 간에 쌓여가는 원한, 냉소, 그리고 무관심을 허용한다면, 우리의 기도는 막힐 것이다. 7절의 "막힌다"는 말은 어떤 길에 장애물을 놓는 것을 의미한다. 가정에서 우리의 갈등은 우리의 기도에 극복할 수 없는 장애가 될 수도 있다.

나는 가정의 문제를 정상적으로 해결한 후에 기도의 응답을 받은 사람들의 이야기를 수없이 들어왔다. 나의 가까운 친구는 사업의 어려움에서 벗어나려고 끊임없이 발버둥을 치고 있었다. 우리는 하나님이 파산지경에 이른 그의 사업을 회복시켜 주시도록 여러 번 함께 기도했다. 그러나 우리가 얼마나 많이 얼마나 열심히 기도했느냐와 관계없이, 사태는 변하지 않았다.

그러던 어느 날 그는 주님이 그가 해결하려고 하지 않았던 그의 결혼 생활의 어떤 부분들에 대해서 그에게 어떻게 양심의 가책을 받게 하셨는가에 대해서 이야기했다. 이 문제들은 그가 이미 알고 있는 문제들이었지만, 그는 이 문제들에 대해서 아무런 행동도 취하지 않았던 것이다. 그가 이 문제들을 해결했을 때, 하나님은 그의 아내와 그의 관계를 새롭게 하셨다. 게다가 그의 사업은 완전히 회복되었다. 사업은 곧 이전보다 재정적으로 더 나아졌다. 그러나 더 중요한 것은 끊임없는 갈등의 장소였던 그의 가정이 평화의 장소가 된 것이다.

해결되지 않은 수평적 갈등은 해결되지 않은 수직적 갈등을 만든다. 우리와 우리의 가족 간에 문제가 정상적이지 않는 한 우리와 하나님 사이의 문제도 올바르지 않을 것이다. 만일 우리가 다른 사람들과 담을 쌓고 있는데도 하나님이 우리의 기도를 응답하신다면, 그분은 어떤 의미에서 우리의 불순종을 눈감아 주시는 것이다. 그러나 하나님은 죄를 눈감아 주거나 너그럽게 봐주지 않으신다. 그분은 죄를 몹시 싫어하신다. 우리의 불순종은 직접적으로 그분이 우리의 삶속에서 궁극적으로 성취하기를 원하시는 것을 방해한다. 그러므로 그것은 처리되어야만 한다. 그렇지 않으면 하나님이 어떻게 하실까? 그분은 우리의 가족 관계가 바른 상태가 될 때까지 하늘의 문을 닫고 문을 잠그신다.

누군가가 이렇게 말할 수도 있다. "나는 나의 가족과 오랫동안 해결되지 않은 갈등이 있어왔지만 하나님은 나의 기도에 응답해 주셨어요." 이것은 사실처럼 생각될지 모르지만, 성경에 따르면 하나님은 그 사람의 기도를 듣지 않으실 것이다. 우리는 다른 사람들이 우리를 위해서 기도하고 있다는 것과 하나님이 우리가 똑바르게 되기를 기다리시는 동안 어쩌면 우리의 가족 중 다른 사람에게 자비를 보이시는 것이라는 사실을 잊어버린다. 우리가 기대하는 것이 일어나는 것과 관계없이, 만일 우리가 해결하지 않은 가족 간의 갈등이 있다면 하나님은 우리 자신의 기도를 응답하지 않으실 것이다.

내가 주일날 집에 들어가지 않고 닭고기가 탄다고 아내에게 고함을 지르고 식사 시간에 축복해 달라고 기도할 때 나의 기도를 하나님께서 들어 주시기를 기대할 수 없다. 그것은 위선이다. 교회가 신앙심이 없기 때문에 그만큼 약하다. 사람들은 여전히 하나님께 말을 걸지만, 하나님은 듣지 않으신다. 가정에서 불화가 있고 마음 아픈 일이 있을 때 우리는 바로 거기에서 그 일에 대해 서로 고백을 해야 한다. 우리는 용서를 구하는 것이 필요할 때 용서를 구해야 한다. 만일 우리가 우리의 마음에 죄악을 품으면(빈정거림, 그릇된 마음가짐, 또는 고마워할 줄 모르는 마음)하늘이 우리의 기도의 문을 닫을 것이다.

예수님은 "너희가 사람의 잘못을 용서하면 너희 하늘의 아버지께서도 너희 잘못을 용서하시려니와 너희가 사람의 잘못을 용서하지 아니하면 너희 아버지께서도 너희 잘못을 용서하지 아니하시리라"(마 6:14-15)라고 말씀하셨다. 만일 우리가 누군가에게 용서하지 않는 마음이 있다면, 그것 자체가 죄다. 그러므로 우리가 만일 우리의 죄를 고백하고도 여전히 우리의 형제나 자매를 용서하기를 거절한다면, 따라서 우리는 용서하지 않는 마음을 회개하지 않고 있는 것이다. 이것이 우리의 기도를 막을 것이다. 수년 동안 사람들은 가족 중 한 사람에게 냉소적이고 미워하는 마음을 고백하지 않고 고집할 것이다. 그들은 그들의 기도가 응답되지 않은 것에 대해서 하나님께 화를 내지만, 그것은 전적으로 하나님이 문제가 아니라, 그들이 문제다. 이와 같은 많은 사람들은 결국에는 교회에 대해서 비꼬고 기독교를 무시한다. 문제는 우리의 시각에 있다. 우리는 해결되지 않은 가족 간의 불화와 오해를 죄로 보지 않지만 하나님은 죄로 보신다.

왜 하나님은 겉보기에 그렇게 작은 일들이 우리의 기도를 막도록 내버려 두시는가? 아주 사소한 죄라도 하나님이 우리를 위해서 준비해 두신 것에 장애물이 된다. 우리는 냉소, 적개심, 그리고 비판을 품고 하나님이 우리의 기도에 응답해 주시기를 기대할 수 없다. 그분은 응답하지 않으실 것이다. 그분은 우리가 회개기도 없이 삶속에서 죄를 숨길 때 우리의 기도에 대해서 조금도 관심을 갖고 계시는 분이 아니시다. 우리는 수직적으로 꽉 채우기 전에 수평적으로 옳은 행동을 해야만 한다.

우리는 우리의 동기를 점검해야 한다

하나님이 우리의 기도에 응답하지 않으시는 다른 이유는 우리의 잘못된 동기 때문이다. "구하여도 받지 못함은 정욕으로 잘못 쓰려고 구하기 때문이다"(약 4:3). 바꾸어 말하면, 우리는 종종 우리가 하나님의 영광보다는 우리의 소원에 더 관심이 있다. 그리스도께서는 그분이 하는 일이 아버지의 영광을 위하는 일이라고 말씀하셨다(요 17:4). 마찬가지로 하나님께 영광을 돌리는 일이 우리의 일이 되어야 한다. 우리는 우리 자신보다도 하나님께 영광을 돌려드리기 위한 방법으로 기도하는 법을 배워야 한다. 우리는 고마움과 감사, 그리고 찬양하는 마음으로 기도해야 한다. 우리는 우리들에게 아낌없이 주신 많은 축복에 대해서 감사를 표명해야만 한다. 그분은 우리가 그것을 받을 만하기 때문에 우리를 축복하신 것이 아니라, 우리를 사랑하시기 때문에 축복하신 것이다. 동시에 우리는 우리에게 주어진 기회를 포함해서, 그분이 우리에게 맡기신 일이 무엇이든지 선한 청지기로 참여해야 한다.

우리의 동기는 모두 하나님의 시각으로 거슬러 올라가야 한다. 우리는 큰 그림을 보아야 한다. 조금이라도 다른 시각은 우리의 기도를 궁극적으로 우리의 중심이 되도록 할 것이다.

당신이 당신의 동기를 계속해서 점검하는 한 가지 방법은 기도를 잠시 중단하고 이렇게 자문하는 것이다, "내가 이 기도를 어떻게 시작하였는가? 깊이 생각하지 않고 구하기 시작하였는가? 그렇지 않으면 그분이 이미 나를 위해서 행하신 것에 대해서 주님을 찬양하며 감사함으로 시작하였는가?" 우리는 정직하게 우리가 구하는 모든 기도에 대해서 우리의 동기를 점검해야 한다.

우리는 흔들리지 않은 믿음이 있어야 한다

우리는 앞에서 하나님은 때로는 우리들이 그분을 신뢰하도록 가르치기 위해서 기다리고 계신다는 사실을 검토했다. 그러나 우리의 믿음이 부족하기 때문에 하나님이 응답해 주시지 못하는 경우가 많다. 우리 모두는 어떤 믿음의 분량이 있다. 그러나 번번이 우리는 흔들리는 믿음을 가지고 하나님께 나아간다. 야고보는 기도에 관해서 "오직 믿음으로 구하고 조금도 의심하지 말라 의심하는 자는 마치 바람에 밀려 요동하는 바다 물결 같으니 이런 사람은 무엇이든지 주께 얻기를 생각하지 말라"(약 1:6-7)고 말했다.

우리는 어떤 간구에 대하여 처음에는 약간 불안감이 있을 수도 있다. 그러나 하나님이 말씀을 통해서 그분의 약속을 확증하실 때, 흔들리는 마음을 다잡아야 한다. 하나님은 우리의 믿음을 시험하여 그 분량을 늘리기 위해서 처음에 이 흔들리는 마음을 사용하신다. 그러나 그분은 결코 기도가 정상적인 상태가 되도록 하기 위해서 이렇게 하지는 않으신다. 흔들리는 믿음은 하나님이 응답하시는 믿음이 아니다.

그분의 말씀에 집중하라

우리는 나타나는 것을 바라보는 것이 아니라, 그분의 말씀을 바라보아야 한다. 성경은 우리의 믿음의 최종 권위이다. 어떤 종류의 폭풍이 닥쳐오느냐에 관계없이, 우리의 환경에 관계없이, 우리는 계속 말씀을 바라보아야 한다. 그분은 우리의 기도가 물질 중심, 시련 중심, 환경 중심이 아니라 하나님 중심, 그리스도 중심, 성령 중심이 되기를 원하신다. 왜냐하면 만일 우리의 기도의 중심이 주님보다도 다른 것이 된다면, 우리의 믿음이 흔들리기 때문이다. 왜 그런가? 그분은 무엇이든지, 특히 우리의 기도의 근거를 둘 확고하고 변하지 않은 토대이시기 때문이다.

우리 모두는 어떤 믿음의 분량이 있다. 가끔 우리는 만일 어떤 사람과 같은 믿음을 가졌다면 기도가 더 빨리 응답되었을 것이라고 생각하면서, 다른 사람의 믿음을 보고 부러워한다. 이것은 사실일 수도 있다. 그러나 우리는 하나님이 우리의 믿음을 성장시키는 과정에 있다는 것을 잊지 말아야한다. 개개의 기도는 믿음을 성장시키시는 기회이다. 우리는 우리의 눈과 마음으로 하나님께 속한 풍성한 것들을 구하는 법을 배워야 한다. 우리는 하나님이 우리들을 다른 방법으로 인도하실 때까지, 우리가 보고 느끼는 것을 무시하면서, 기다리는 법을 배워야 한다.

이기심이 우리의 기도를 막는다

하나님이 우리의 기도에 응답하지 않으시는 다음 이유는 우리가 인색하기 때문이다. "귀를 막고 가난한 자가 부르짖는 소리를 듣지 아니하면 자기가 부르짖을 때에도 들을 자가 없으리라"(잠 21:13). 만일 우리가 어려움에 처한 사람에게 귀를 기울이기를 거절한다면, 하나님이 우리의 기도를 들으셔서 우리가 필요한 것을 채워 주시기를 기대할 수 있겠는가? 그것은 그리스도의 모든 메시지에 완전히 모순되는 행위가 될 것이다. 우리는 시간이 없거나 또는 귀찮기 때문에 어려움에 처한 누군가에게 귀를 기울일 수 없다. 그렇게 하면서 하나님이 우리를 축복하시기를 기대할 수 있겠는가? 그분은 그런 식으로 역사하지는 않으신다.

예를 들면, 십일조를 바치기를 거절하고 가난한 사람들이나, 선교사들을 도우려고 하지 않는 사람이 하나님이 재정적으로 자신을 축복하시기를 기대할 수 있겠는가? 이것은 위선이다. 그런 사람을 축복하는 것은 하나님이 의도하신 것과 완전히 반대로 살도록 조장하는 것이 될 것이다. 게다가 자칭 그리스도인이라고 주장하고, 하나님이 필요한 모든 것을 채워주신다고 주장하면서도 아직도 십일조를 바치지 않는 사람은 누구나 거짓말쟁이다.

하나님은 우리들이 그분을 신뢰하는 법을 가르치시기 위해서 우리가 필요한 것과 그분의 축복을 사용하신다. 그러나 우리가 하나님의 축복에 인색할 때, 축복은 멈춘다. 우리가 궁핍한 사람들에게 귀를 기울인다면, 우리의 기도는 결코 하나님이 우리를 대신해서 어떤 행동을 하시도록 그분을 몰아붙이지 않을 것이다. 우리는 아낌없이 받았다. 그러므로 우리는 아낌없이 주어야 한다.

하나님의 말씀에 대한 무관심

우리가 만일 그분의 말씀에 무관심하다면 하나님은 우리의 기도를 응답하지 않으실 것이다. "사람이 귀를 돌려 율법을 듣지 아니하면 그의 기도도 가증하니라"(잠 28:9). 시편 기자가 말했던 것처럼, 하나님은 우리의 영혼이 그분의 말씀에 대한 소원으로 "깨어"지게 하려고 생각하셨다(시 119:20). 우리는 끊임없이 성경의 더 깊은 진리를 찾으려고 애를 써야 한다. 우리는 태어나서부터 줄곧 숟가락으로 떠먹이도록 여기에 남겨진 것이 아니다. 하나님은 우리 각자가 하나님이 그분의 말씀을 통해서 말씀하시는 것을 우리가 스스로 이해할 수 있도록 하기 위해서 성령을 보내셨다.

많은 그리스도인들은 이해가 부족하거나 확신이 없어서 하나님의 말씀을 무시한다. 다른 사람들은 하나님의 말씀을 듣는 것을 싫어하지는 않지만, 말씀을 이해하거나, 또는 말씀을 그들의 삶에 적용하려고 하지 않는다.

하나님은 그분의 말씀을 기뻐하지 않는 사람의 기도를 몹시 싫어하신다. 우리가 성경을 닫고 살 때, 우리는 하늘문도 닫고 사는 셈이 된다. 그 결과 하나님은 우리의 기도에 응답하지 않으실 것이다.

고백하지 않은 죄

하나님이 기도에 응답하지 않으시는 마지막 이유는 고백하지 않은 죄이다. 고백하지 않은 죄가 기도를 방해한다는 것은 의심할 여지가 없다. 이사야는 "여호와의 손이 짧아 구원하지 못하심도 아니요 귀가 둔하여 듣지 못하심도 아니라 오직 너희 죄악이 너희와 너희 하나님 사이를 갈라놓았고 너희 죄가 그의 얼굴을 가리어서 너희에게서 듣지 않으시게 함이니라"(사 59:1-2)라고 기록했다. 하나님이 들으실 수 없는 것이 아니라, 듣지 않으시는 것이다. 우리의 고백하지 않은 죄는 하나님이 우리의 기도를 무시하시고 듣기를 거절하시도록 하는 원인이 된다. 하나님은 우리의 삶에 영적인 쇠 빗장을 놓고 열지 않으시는 것이 아니다. 그분은 단지 기다리시는 것이다.

우리는 기도하고 또 기도할 수 있지만, 하나님은 우리가 우리의 죄를 고백할 때까지 조금도 움직이지 않으실 것이다. 그분은 우리가 자발적으로 마음을 열어 그분께서 우리를 깨끗케 하시도록 내맡기기를 원하신다. 그러므로 만약 기도하고자 한다면, 하나님이 듣지 않으실 때 기도를 하는 시간 낭비는 하지 말아야 한다. 더욱이 어떤 죄가 하나님과의 관계보다도 우리들에게 더 가치가 있는가? 방해받지 않고, 그분과 상호 교제하는 것보다 더 가치 있는 것은 없다. 사실, 그분은 우리가 스스로를 위해서 하나님과 교제를 원하는 것 이상으로 우리를 위해서 교제 나누기를 원하신다.

지금은 각각의 응답받지 못한 기도를 주님께 가지고 가서 그분이 응답하지 않으신 이유를 그분께 물어보는 시간이다. 그분은 우리의 삶 속에 있는 어떤 죄를 지적하시거나 또는 당신이 그분의 얼굴에 집중하도록 초점을 다시 맞추실 수도 있다. 어떤 상황이든지, 당신이 응답 받지 못하는 기도에 대해서 하나님께 계속 변명하지 말라. 모든 상황에서 그분은 당신이 그분의 아들의 형상을 따르기를 요구하신다. 당신이 이것을 잊지 않을 때, 당신은 더 하나님의 뜻대로 기도하게 될 것이다. 그러면 당신은 기도의 응답을 더 체험하게 될 것이다.

07

하나님의 뜻대로 기도하는 방법

그를 향하여 우리가 가진 바 담대함이 이것이니
그의 뜻대로 무엇을 구하면 들으심이라
우리가 무엇이든지 구하는 바를 들으시는 줄을 안즉
우리가 그에게 구한 그것을 얻은 줄을 또한 아느니라

(요1 5:14-15)

나의 기도의 간구가 하나님의 뜻과 일치하는지 어떻게 알 수 있는가? 내가 간구하는 것이 아버지를 기쁘시게 하는지를 어떻게 알 수 있는가? 내가 구하는 것이 옳다는 것을 확신 할 수 있는가?

이것들은 가장 적법한 질문이며 가장 자주 묻는 질문이다. 당신이 구하는 것이 하나님의 계획에 적합하다는 확신이 없을 때 기도하는 것보다 더 실망시키는 일이 있겠는가?

한편, 우리의 간구가 그분의 뜻에 일치한다는 흔들리지 않는 확신을 가지고 아버지께 나아가는 것보다 무엇이 더 큰 동기부여가 될 수 있겠는가?

어떤 기도의 간구는 하나님의 뜻을 가려낼 필요가 없다. 왜냐하면 성경이 어떤 것에 대해서는 분명하게 드러내기 때문이다. 우리는 결코 이렇게 기도해서는 안된다. "주여 그것이 당신의 뜻이라면, 죄의 생활에서 나의 아빠를 구원해 주시옵소서." 예수님은 "인자가 온 것은 잃어버린 자를 찾아 구원하려 함이니라"(눅 19:10)라고 말씀하셨다. 하나님은 "아무도 멸망치 아니하고 다 회개하기에 이르도록 오래 참으신다"(벧후 3: 9).

성경의 약속이 분명하고 의심할 여지가 없을 경우에는 우리는 확신을 가지고 기도할 수 있다. 어느 누구도 "주여, 그것이 당신의 뜻이라면, 나를 학대한 사람을 용서할 수 있도록 나를 도와주시옵소서."라고 기도할 필요가 없다. 우리 주님은 우리들을 학대한 사람들에게 우리가 어떤 태도를 취해야 하는지에 대해서 매우 분명하게 설명하셨다. "서로 친절하게 하며 불쌍히 여기며 서로 용서하기를 하나님이 그리스도 안에서 너희를 용서하심과 같이 하라"(엡 4:32).

그러나 언제나 우리의 기도에 대해서 그와 같은 분명한 지침이 있는 것은 아니다. 그럼에도 불구하고 하나님은 그분의 뜻대로 기도하도록 우리의 기도를 이끌어 주실 것이다.

예수님이 "구하라, 그리하면 너희에게 주실 것이요 찾으라 그리하면 찾아낼 것이요 문을 두드리라 그리하면 너희에게 열릴 것이니"(마 7:7)라고 말씀하셨을 때, 그분은 우리가 필요한 것을 채워주겠다는 그분의 소원을 나타내신 것이다. 바울 사도는 우리들에게 "아무 것도 염려하지 말고 다만 모든 일에 기도와 간구로, 너희 구할 것을 감사함으로 하나님께 아뢰라"(빌 4:6)고 기록했다. 요한 1서 5장 14-15절은 우리들에게 같은 진리를 보여 준다. 하나님은 우리가 필요한 것을 해결해 주도록 그분께 구하기를 원하신다.

처음에는 기도 응답이 아주 쉬운 것처럼 생각된다. 우리가 해야 할 일은 단지 기도하는 것이다. 그러면 하나님은 우리의 기도에 응답을 시작하신다. 그러나 그것보다 기도 응답에 대한 더 실제적인 것이 있다. 하나님은 그분의 약속에 대해서 조건을 붙이신다. 그러나 이 조건들은 우리를 위한 것이다. 결코 하나님이 우리의 기도를 응답하지 않기 위해서 하시는 변명이 아니다. "그를 향하여 우리가 가진 바 담대함이 이것이니 그의 뜻대로 구하면 들으심이라"(요일 5:14). 우리가 그분의 뜻대로 구하는 것이 조건이다. 그러나 우리가 하나님의 뜻대로 기도하고 있는지 어떻게 알 수 있는가?

어둠 속에서 사격

가끔 우리 모두는 우리의 기도가 어둠속에서 사격을 하고 있는 것 같은 느낌이 든다. 우리는 하나하나의 기도가 기도하는 바로 그 순간에는 하나님의 뜻이 확실하다는 생각이 들지만, 즉각적인 응답을 받지 못할 때, 정말 하나님의 뜻대로 기도를 시작했는가를 알고 싶어한다. 우리가 구하고 있는 것에 대한 실질적인 확신이 조금도 없기 때문에 우리의 믿음은 증가하는 대신에 감소하고 있다. 따라서 우리는 어둠속에서 사격을 하고 하나님이 동의하셔서 호의적으로 응답해 주시기를 바란다.

이것은 하나님이 원하시는 기도를 하는 방법이 아니다. 만일 우리가 무엇을 구해야 하는지에 대한 어떤 지침이 없다면 우리가 기도하는 것이 무슨 소용이 있겠는가? 그것은 그분의 시간과 우리의 시간의 낭비일뿐이다. 그러나 그분의 말씀은 기도에 있어서 그분의 뜻을 찾는 방법에 대한 분명한 지침을 우리들에게 준다.

세 가지 약속

하나님은 요한 1서 5장 14-15절에서 우리들에게 세 가지 약속을 하신다. 첫째, 그분은 우리가 그분의 뜻대로 기도한다면 들으신다는 것을 약속하신다. 둘째, 우리가 구한 것은 이미 얻었다는 것을 약속하신다. 셋째, 그분은 우리가 무엇을 구하든지 그분께서 들으신다는 것을 우리가 안다는 것을 약속하신다. 따라서 우리가 그분의 뜻대로 기도할 때, 그분은 우리의 기도를 들으시고, 우리는 우리가 구하는 것을 받고, 그리고 우리는 우리가 구하는 것을 받는다는 것을 안다.

14절에서 "담대함"이란 말은 배짱 또는 자신감을 의미한다. 헬라어에서 이 말은 정치적인 용어로 사용되었는데, 이것은 공개적으로 말하는 자유를 언급한다. 따라서 하나님의 자녀로서 우리는 공공연하고 담대하게 그분께 나아가서 간구한다. "구하다"라는 동사의 서법(문장의 내용에 대한 말하는 사람의 심적 태도를 나타내는 동사의 어형 변화: 역주) 까지도 개인적인 간구를 표현하는 취지를 나타낸다.

우리는 무엇인가를 스스로 구할 수 없다는 생각을 잊어버려야 한다. 그것은 성경이 가르치는 것이 아니다. 이 두 구절은 그분이 우리가 구하는 것을 들으시고 주신다는 확신을 가지고 하나님께 솔직하게, 거리낌 없이, 확신을 가지고, 그리고 담대하게 나아가는 우리의 능력에 대해서 논한다. 그 결과, 우리는 우리가 지금 구하는 것을 받을 수 있다는 것을 안다.

자, 그러면 하나님의 뜻대로 기도하는 문제로 돌아가자. 우리는 이렇게 말한다. "아 그것이 문제이다."라고 말한다. 어떤 의미에서 그것이 문제이다. 왜냐하면 거짓이 없이 선한 의도로 한 많은 기도가 하나님의 뜻에서 벗어난 결과로 응답받지 못했기 때문이다. 우리가 기도하는 중에 언제나 하나님의 뜻을 알 수 있는가? 처음부터 언제나 아는 것은 아니지만 그렇다. 때로는 우리가 하나님께 나아갈 때, 어둠속에서 헤매고 있을 때가 있다. 우리는 무엇을 구해야 할지를 모른다. 따라서 처음부터 우리가 그분의 뜻을 아는 것은 아니다. 그러나 만일 우리가 확실한 원리를 이해하고 적용할 수만 있다면, 궁극적으로 우리는 기도할 때 하나님의 뜻을 알 수 있다.

기도의 장애물

사탄은 우리가 기도할 때 하나님의 뜻을 찾지 못하도록 방해하려고 우리의 길에 세 가지의 장애물을 던진다. 사탄은 이렇게 말한다. "네가 하나님 뜻인지 분간할 수 없는데, 어떻게 믿음으로 간구할 수 있느냐? 만일 네가 하나님이 너의 기도에 응답할지 확실하게 모른다면, 왜 처음부터 기도로 시간을 낭비하느냐?"

그러나 어쨌든 만일 우리가 기도하려고 결심한다면, 사탄은 우리들을 비웃는다. "너의 과거를 보라"고 그는 말한다. "너는 하나님께 무엇을 구할 자격이 없다. 하나님은 너의 기도를 듣지 않으실 것이다." 이 시점에서 우리는 우리의 기도가 하나님의 뜻인지 아닌지를 판단하는데 있어서 뭐가 뭔지 알 수 없게 된다. 따라서 우리는 기도를 중단하든지, 또는 기도하고 끝에 "만일 그것이 당신의 뜻이라면"을 덧붙인다.

만일 우리가 모든 기도를 "만일 그것이 당신의 뜻이라면"으로 끝낸다면, 우리가 무엇을 얻을 수 있겠는가? 불확실 할 것이다! 우리는 응답에 대한 어떤 확신도 갖지 못할 것이다. 이것이 "내일 일을 너희가 알지 못하는도다 너희 생명이 무엇이냐 너희는 잠간 보이다가 없어지는 안개니라 너희가 도리어 주의 뜻이면 우리가 살기도 하고 이것이나 저것을 하리라 할 것이거늘"(약 4:14-15)이라고 말씀하는 야고보서에 있는 이 구절로 우리들을 이끈다. 그러나 이 구절은 기도를 언급하는 것이 아니라, 미래에 대한 계획을 세우는 데 있어서 주제넘음에 대해서 언급한 것이다.

어떤 사람들에게 마태복음 26장 39절이 "만일 당신의 뜻이라면" 하고 짧게 기도를 끝내는 근거가 되기도 한다. 거기서 예수님은 겟세마네 동산에서 기도하고 계셨다. 어떤 사람은. "예수님은 십자가에서 죽어야할지를 확실히 모르셨다. 그래서 그분은 단지 그 결정을 하기 위해서 아버지 하나님께 그것을 일임하셨다."고 말한다. 그러나 그것은 우연히 일어난 것이 아니다. 잔은 십자가를 상징하는 것이 아니다. 예수님은 자신이 죽을 것을 알고 계셨다. 마태복음 16장 21절에서 그분은 자신의 죽음에 대해서 정확히 말씀하셨다. 그러면 그분이 언급하신 잔은 무엇인가?

우리가 설사 이성적으로 이해할 수 없을지라도, 예수님이 살아 계시지 않은 기간은 결코 없었다. 그분이 세상에 오셨을 때, 그분은 하나님이셨고, 우주 창조 이전까지도 언제나 계셨던 동일하신 하나님이셨다. 세상에서 예수님은 사람이 되셨지만, 그분은 모든 면에서 여전히 하나님이셨다. 그분이 겟세마네 동산에 가셨을 때, 그분은 죽음을 두려워하지 않으셨다. 그분이 말씀하셨던 잔은 죽음의 아니라, 그분께 훨씬 더 심한 것이었다. 그분은 홀로 온 세상의 죄를 져야 한다는 것을 알고 계셨다. 그분은 그분의 아버지와 분리되는 것에 대해서 몸부림치고 계셨다.

성경은 예수님이 그분의 아버지께 복종을 해야 하는지에 대해서 묻지 않으셨다는 것을 보여 준다. 문제는 그분이 아버지와 분리되는 것 이외에 인간의 죄를 속죄하는 다른 방법이 있는가 하는 것이었다. 우리가 예수님이 아버지와 가졌던 친밀한 관계를 말로 표현하는 것은 불가능하다. 동시에 그분이 아버지 앞에서 추방된다는 것을 아셨을 그 순간에 그분이 느꼈던 것을 우리가 이해한다는 것은 불가능하다. 그러나 혹독한 순간에서 조차, 그리스도께서는 전적으로 복종하셨다. "나의 원대로 마시옵고, 아버지의 원대로 하옵소서" (마 26:39). 이런 몸부림치는 순간에서 조차도 그분은 하나님의 뜻이 무엇인지를 정확히 알고 계셨다. 하나님은 결코 그분의 아들이 의심을 품도록 내버려 두지 않으셨다. 동시에 우리가 진심으로 그분의 뜻을 찾을 때 우리가 의심을 품도록 하지는 않으실 것이다.

때로는 우리는 하나님의 뜻을 확실하게 알지 못할 때 뭉게구름을 만들어낸다. 어떤 의미에서 우리는 하나님이 처리하시도록 한다. 우리는 "만일 이런 일이 일어나면, 그때 내가 'A'를 하겠다. 그러나 저런 일이 일어나면, 그때 내가 'B'를 하겠다."라고 말한다. 이런 방식으로 하나님의 뜻을 찾는 것은 성숙하지 못하다는 증거이다. 이러한 종류의 추리는 어떤 실제적인 믿음에 대한 여지가 없으며 결코 하나님의 뜻을 찾는 정상적인 방법이 아니다. 그러면 우리가 어떻게 기도해야 할지가 불확실할 때 어떻게 접근해야 하는가?

바울 사도는 골로새 교회의 성도들이 "모든 신령한 지혜와 총명에 하나님의 뜻을 아는 것으로 채우게 하시기를"(골 1:9) 위해서 기도했다. 야고보는 "너희 중에 지혜가 부족하거든 모든 사람에게 후히 주시고 꾸짖지 아니하시는 하나님께 구하라 그리하면 주시리라"(약 1:5)고 기록했다. 지혜가 무엇인가? 그것은 하나님의 시각으로 문제를 보는 것이다. 우리가 구하는 것에 대해서 하나님이 어떻게 생각하실지 모를 때, 우리는 그분께 물을 자격이 있다.

바울 사도는 "이와 같이 성령도 우리의 연약함을 도우시나니 우리는 마땅히 기도할 바를 알지 못하나 오직 성령이 말할 수 없는 탄식으로 우리를 위하여 친히 간구하시느니라"(롬 8:26)라고 기록했다. "연약함"이라는 말은 질병을 의미하지 않는다. 그것은 영적인 연약함을 언급한다. 하나님의 시각으로 기도하지 못하는 우리의 무능력이 연약함이다. 바꾸어 말하면, 성령은 우리가 무엇을 위해서 기도해야할지를 이해하지 못할 때 우리들을 통해서 기도하시고, 동시에 우리들에게 분별력을 주실 것이다. 따라서 우리가 분별없이 기도할 때, 우리는 사탄이 믿게 하는 것처럼 우리의 시간을 낭비하고 있는 것이 아니다. 그와는 반대로, 하나님은 우리의 기도를 귀하게 여기신다.

우리가 기도를 계속할 때, 하나님은 우리들에게 그분의 뜻을 나타내실 것이다. 예수님은 "진리의 성령이 오시면 그가 너희를 모든 진리 가운데로 인도하실 것이다"(요 16:13)라고 말씀하셨다. 성령이 하시는 역할의 중요 부분은 우리가 어떻게 기도해야 하는가에 대해서 우리들을 진리 가운데로 인도하시는 것이다. 그러나 오직 우리가 기도할 때만 이것을 하실 수 있다. 우리가 그분의 뜻대로 기도하려는 소원을 갖는 것이 절대로 필요하다. 하나님은 이런 태도를 귀하게 여기신다.

시작하는 방법

따라서 우리의 삶 속에 죄가 없어야 하는 것은 당연한 일로 치고 우리가 기도 중에 참으로 하나님의 뜻을 알기를 원한다면, 우리가 어떻게 시작해야 하는가? 첫째, 우리는 하나님께 우리가 원하는 것, 우리가 필요한 것, 또는 문제에 대한 어떤 지침을 주시도록 구하고 있는지를 판결해야 한다. 둘째, 우리는 어떻게 해서든 우리의 간구와 관련된 성경구절을 주시도록 하나님께 구해야 한다. 우리가 묵상할 수 있는 구절과 그 구절을 통해서 하나님이 우리들에게 말씀하실 수 있는 구절을 구해야 한다.

대부분의 그리스도인들은 기도 중에 성경의 중요도에 대해서 간과한다. 그러나 우리가 성경에 우리의 생각을 흠뻑 적시면 적실수록, 우리는 하나님의 뜻을 더 잘 알게 될 것이다. 따라서 우리의 생각과 하나님의 뜻을 구별하는 것이 더 쉬워질 것이다. 하나님은 그분이 우리의 기도를 응답하기를 원하시는 것 이상으로 우리가 그분을 알기를 원하신다. 하나님은 우리가 그분의 뜻, 그분의 생각, 그리고 그분의 소원에 익숙하도록 하기 위해서 기도를 사용하신다. 만일 우리의 기도 생활에서 그분의 말씀을 빠뜨린다면, 우리는 기도의 근본적인 축복인 하나님을 아는 것을 놓치는 것이다.

당신이 구하고 있는 문제를 다루는 성경의 구체적인 약속을 당신에게 주시도록 하나님께 구하라. 그분의 말씀이 이 부분에서 당신의 믿음의 닻이 되도록 하라. 무슨 일이 일어나든지 또는 당신이 어떻게 느끼든지 관계없이 그 구절을 붙잡으라. 그 구절 말씀으로 살고, 그 구절 말씀으로 기도하며, 그리고 하나님이 약속하신 것이 무엇이든지 당신이 그것을 얻을 때까지 포기하려고 하지 말라.

하나님은 우리가 기도 중에 그분의 뜻을 알기를 원하신다. 만일 그분의 뜻대로 기도한다면 우리는 우리가 구하는 것을 이미 받았다는 것을 안다. 그러므로 그 다음 단계는 그분께 감사하는 것이다. 우리가 이미 그분께 한 번 이루어 달라고 구한 것은 거듭해서 구할 필요가 없다. 동시에 그분이 이미 이루어주시겠다고 약속하신 것을 이루어 달라고 간청할 필요가 없다. 대신에, 우리는 그것에 대해서 그분께 감사해야 한다. 우리는 기도 중에 체험하는 지혜에 대해서 그분께 감사를 드려야 한다. 우리는 우리에게 소원을 주시고, 우리가 필요한 것을 채워주시고, 그리고 우리에게 지침을 주시는 것에 대해서 감사드려야 한다.

그리고 나서 우리는 기다려야 한다. 더 이상 구하는 것은 믿음의 부족을 나타내는 것이다. 그러나 이 시점에서 우리의 믿음이 가장 많이 시험을 받을 것이다. 우리는 조금 오해할 경우에 "만일 그것이 당신의 뜻이라면"을 기도에 덧붙이기를 원할 수도 있다. 이것이 우리의 기도가 성경에 근거해야 하는 중요한 이유이다. 성경은 우리들에게 닻을 제공한다. 하나님의 말씀은 변하지 않는 진리이다. 우리의 믿음의 휴식처는 그분의 말씀의 피난처 안에 있다.

우리가 하나님께 나아갈 때, "주여, 제발 이것과 저것을 이루어 주시옵소서."라고 구하기보다는, 그분께 우리에게 기도하는 법을 가르쳐 달라고 구하자. 성령께서 처음부터 끝까지 우리를 통해서 기도하시도록 구하자. 그러면 우리는 그분의 뜻대로 기도하고 있다는 확신을 가질 수 있을 것이다. 우리는 결코 다른 방법으로는 구할 수 없을 거라고 생각했던 것들을 구할 것이다. 우리가 기도할 때, 하나님은 우리가 결코 보지 못했던 기도의 다른 면을 우리들에게 보여 주실 것이다.

우리의 마음이 깨끗하고 우리가 전적으로 그분께 복종하고 있음에도 불구하고 무엇을 구해야 할지에 대한 실마리가 잡히지 않을 때, 하나님은 우리들에게 보여주실 책임이 있으시다. 그분은 성경을 사용하실 수도 있고 또는 환경을 사용하실 수도 있다. 만일 우리의 간구가 그분의 뜻을 따라가지 않는다면, 그분은 우리의 주의를 고쳐 그분께 향하게 하실 것이다. 따라서 우리는 우리가 구하고 있는 것에 대해서 흥미를 잃게 될 것이다. 그분이 우리들에게 어떤 식으로 보여 주시는가에 관계없이, 우리는 그분이 보여 주시는 대로 믿어야 한다. 자주 우리는 기다려야 할 것이다. 그러나 우리가 참으로 하나님을 알기 시작하는 것은 기다리는 이 시간 동안이다.

우리가 기도 중에 하나님의 찾을 때, 그분은 우리의 마음을 성령의 평화로 채우심으로 그것을 확증하신다. "아무것도 염려하지 말고 다만 모든 일에 기도와 간구로 너희 구할 것을 감사함으로 하나님께 아뢰라 그리하면 모든 지각에 뛰어난 하나님의 평강이 너희 마음과 생각을 지키시리라"(빌 4:6-7). 우리는 우리의 기도가 그분의 궤도위에 있다는 것을 의심없이 알 수 있다. 이것이 확실할 때, 우리는 그리스도께서 변함없이 끝까지 우리와 함께 기도하고 계신다는 확신을 가지고 기도할 수 있다. 우리 마음에 깃드는 평화는 우리의 기도에 대한 하나님의 승인 도장이다.

하나님은 우리들에게 기도에 대한 지침을 주기를 원하신다. 그분은 그렇게 하겠다고 그분의 말씀으로 약속하셨다. 우리의 책임은 성경을 통해서 그분의 지침을 구하는 것이다. 일단 우리가 그분이 우리들에게 하신 약속을 찾으면, 우리는 열심히 공부하고 그분이 우리들에게 이미 이루신 것에 대해서 감사하면서 기다려야 한다. 우리가 기도하는 중에 "하나님이 우리를 위하신다면"(롬 8:31), 누가 또는 무엇이 우리를 대적할 수 있겠는가?

08
기다릴 때와 행동할 때

이스라엘 자손들이 온전히 바친 물건으로 말미암아 범죄하였으니 이는 유다 지파 세라의 증손 삽디의 손자 갈미의 아들 아간이 온전히 바친 물건을 가졌음이라 여호와께서 이스라엘 자손들에게 진노하시니라 여호수아가 여리고에서 사람을 벧엘 동쪽 벧아웬 곁에 있는 아이로 보내며 그들에게 말하여 이르되 올라가서 그 땅을 정탐하라 하매 그 사람들이 올라가서 아이를 정탐하고 여호수아에게로 돌아와 그에게 이르되 백성을 다 올라가게 하지 말고 이삼천 명만 올라가서 아이를 치게 하소서 그들은 소수이니 모든 백성을 그리로 보내어 수고롭게 하지 마소서 하므로 백성 중 삼천 명쯤 그리로 올라갔다가 아이 사람 앞에서 도망하니 아이 사람이 그들을 삼십육 명쯤 쳐죽이고 성문 앞에서부터 스바림까지 쫓아가 내려가는 비탈에서 쳤으므로 백성의 마음이 녹아 물 같이 된지라 여호수아가 옷을 찢고 이스라엘 장로들과 함께 여호와의 궤 앞에서 땅에 엎드려 머리에 티끌을 뒤집어쓰고 저물도록 있다가 이르되 슬프도소이다 주 여호와여 어찌하여 이 백성을 인도하여 요단을 건너게 하시고 우리를 아모리 사람의 손에 넘겨 멸망시키려 하셨나이까 우리가 요단 저쪽을 만족하게 여겨 거주하였더면 좋을 뻔하였나이다 주여 이스라엘이 그의 원수들 앞에서 돌아섰으니 내가 무슨 말을 하오리이까 가나안 사람과 이 땅의 모든 사람들이 듣고 우리를 둘러싸고 우리 이름을 세상에서 끊으리니 주의 크신 이름을 위하여 어떻게 하시려 하나이까 하니 여호와께서 여호수아에게 이르시되 일어나라 어찌하여 이렇게 엎드렸느냐 이스라엘이 범죄하여 내가 그들에게 명령한 나의 언약을 어겼으며 또한 그들이 온전히 바친 물건을 가져가고 도둑질하며 속이고 그것을 그들의 물건들 가운데에 두었느니라 그러므로 이스라엘 자손들이 그들의 원수 앞에 능히 맞서지 못하고 그 앞에서 돌아섰나니 이는 그들도 온전히 바친 것이 됨이라 그 온전히 바친 물건을 너희 중에서 멸하지 아니하면 내가 다시는 너희와 함께 있지 아니하리라 너는 일어나서 백성을 거룩하게 하여 이르기를 너희는 내일을 위하여 스스로 거룩하게 하라 이스라엘의 하나님 여호와의 말씀에 이스라엘아 너희 가운데에 온전히 바친 물건이 있나니 너희가 그 온전히 바친 물건을 너희 가운데에서 제하기까지는 네 원수들 앞에 능히 맞서지 못하리라

(여호수아 7:1-13)

잠시 동안 당신이 실직했다고 생각해 보라. 당신은 하나님이 뭔가 이유가 있어서 뜻밖에 실직을 하게 하셨다는 것은 알고 있지만, 그러나 그 이유가 무엇인지 확실하지 않다. 당신은 그분이 당신에게 무엇인가를 가르치기를 원하신다는 것은 알고 있지만, 다음 단계는 무엇을 해야 하는가? 그저 자리에 앉아서 아무 것도 하지 않고, 하나님의 결정을 기다리고 있어야 하는가, 아니면 나가서 다른 직업을 구해야 하는가?

때로는 하나님은 우리가 기다리기를 원하신다. 그러나 때로는 어떤 상황이 발생할 때, 우리가 무엇인가를 하도록 도전을 주신다. 여호수아서의 이 특별한 구절은 하나의 실례이다.

배경

이스라엘 백성들은 요단강을 건너서 요새화 된 여리고 성을 만났다 (수 6장). 하나님은 여호수아에게 두 가지를 말씀하셨다. 무엇보다도 먼저, 하나님은 여리고가 이스라엘 백성들에게 함락될 것을 그에게 약속하셨다. 그 후 하나님은 여호수아의 군대가 사용할 전략을 보여 주셨다. 인간적으로 말하면, 이것은 어떤 지도자도 수행할 수 있는 아주 순박한, 그러나 터무니없는 전략처럼 보였다. 하루에 한 번씩 엿새 동안 대열을 지어 성 주변을 돌고 일곱째 날에는 일곱 번 돌고, 나팔을 불고, 함성을 지르며 행진함으로 적을 정복한다는 것에 대해서 들어 본 사람이 도대체 누가 있는가? 그러나 그것은 성공했다. 하나님이 역사 하셨던 것이다. 하나님이 지침을 주셨을 때, 그들은 조금도 어김없이 임무를 수행했다.

하나님은 어떤 일에 대해서 지시를 하지 않으시고 그 일을 혼자서 생각해내도록 내버려 두지 않으신다. 하나님은 여호수아에게 여리고 성을 점령하는 방법에 대해서 분명한 지시를 하셨다. 그분은 언제 행진해야 하는지, 병사들이 그 성을 몇 번 돌아야 하는지, 언제 함성을 질러야 하는지 그리고 언제 잠잠해야 하는지에 대해서 말씀하셨다.

하나님이 만일 이스라엘 백성들을 말하도록 내버려 두셨다면, 아마도 그들은 정통이 아닌 전략에 대해서 여호수아를 대적하여 불평했을 것이다. 그래서 하나님은 여호수아에게 그들을 조용하게 하도록 하게 하라고 구체적으로 말씀하셨다.

 그들의 순종의 결과로, 이스라엘 민족은 엄청나게 큰 승리를 체험했다. 모두 하나님이 행하신 일에 대해서 주님을 찬양했고, "하나님께 영광"이라고 외쳤다. 따라서 여호수아는 그 압도적인 승리에 근거해서 다음 성을 점령하기 위해서 정탐꾼을 보냈다. 정탐꾼들은 아이 성이 만만한 상대라는 확신을 가지고 돌아왔다. 그들은 여호수아에게 그 성을 점령하는 데 이삼천 명만 필요하다고 말했다. 왜 그렇게 보고했는가? 그들이 여리고에서 성취했던 것을 주목하라. 사실 그들은 여리고에서 아무 것도 하지 않았다. "하나님"이 그것을 모두 하셨다.

 여리고에서의 승리 때문에, 이스라엘은 자만심에 빠져서 의기가 양양했다. 그들은 더 이상 하나님의 지시를 기다릴 필요를 느끼지 않았다. 자만심은 사탄의 함정이었고, 따라서 그들은 사단의 책략에 걸려들었다. 여호수아가 하나님의 약속과 하나님의 전략에 귀담아 듣지 않았기 때문에 재앙이 그들을 공격했다. 여호수아는 하나님의 말씀대신에 자기 자신의 군대의 말을 귀담아 들었다. 아이성의 병사들이 갑자기 나타나서 이스라엘 사람들을 패주시키고 36명을 죽였다. 이스라엘 사람들은 낙담과 환멸을 느끼고 돌아왔다. "백성의 마음이 녹아 물같이 된지라"(수 7:5). 그들은 공포로 압도당해서 싸울 마음을 완전히 상실했다.

여호수아의 기도

그리하여 우리는 여호수아가 하나님 앞에서 부르짖는 것을 볼 수 있다. "여호수아가 옷을 찢고 이스라엘 장로들과 함께 여호와의 궤 앞에서 땅에 엎드려 머리에 티끌을 뒤집어쓰고 저물도록 있다가"(수 7:6). 그가 그의 옷을 찢은 것은 그의 슬픔을 밖으로 나타내는 행동이다. 궤 앞에서 그의 무릎을 꿇는 것은 주님 앞에서 자신을 낮추는 행동이다. 여호수아는 이와 같이 기도했다.

> "이르되 슬프도소이다 주 여호와여 어찌하여 이 백성을 인도하여 요단을 건너게 하시고 우리를 아모리 사람에게 넘겨 멸망시키려 하셨나이까 우리가 요단 저쪽을 만족하게 여겨 거주하였더면 좋을 뻔하였나이다. 주여 이스라엘이

그의 원수들 앞에서 돌아섰으니 내가 무슨 말을 하오리까
가나안 사람과 이 땅의 모든 사람들이 듣고 우리를
둘러싸고 우리 이름을 세상에서 끊으리니 주의 크신
이름을 위하여 어떻게 하시려 하나이까 하니"(수 7:7-9).

여호수아의 기도는 거의 이스라엘 백성들이 광야에서 방황할 때 했던 기도처럼 보인다. 그들은 그 체험 후에 하나님을 신뢰하는 법을 배운 것처럼 보인다. 그러나 여호수아는 옛날 광야에서와 같은 말을 반복하고 있다, "오 하나님, 왜 당신이 우리들을 혼란에 빠지도록 하시나이까? 왜 당신은 가나안의 저편에 우리들을 내버려 두지 않으셨나이까?"

여호수아는 기도하는 중에 하나님의 약속을 단 한 번도 언급하지 않았다. 하나님이 행하신 선하신 일에 대한 감사도 없고 주님께 찬양도 없다. 사실 그의 기도는 완전한 좌절의 기도였다. 이것은 그가 탐욕이 있다는 것을 보여 준다.

우리 모두는 때때로 이런 종류의 기도로 하나님께 나아간다. 우리는 이렇게 부르짖는다. "오 주여, 왜 나를 그런 혼란에 빠지도록 하시나이까? 왜 나를 이런 식으로 다루시나이까?" 우리는 우리의 마음에 들

기다릴 때와 행동할 때 | 183

지 않은 환경에 대해서 하나님을 탓한다. 그러나 하나님이 여호수아에게 말씀하신 것을 주목하라. "일어나라 어찌하여 이렇게 엎드렸느냐"(수 7:10). 하나님은 여호수아가 해야 할 어떤 일을 가지고 계셨다. 그의 울부짖는 시간은 끝났다.

하나님이 이스라엘 사람을 여리고로 보내셨을 때, 그분은 그들에게 모든 남자, 여자, 아이를 죽이라고 말씀하셨다. 그분은 또한 "은금과 동철 기구들은 다 여호와께 구별된 것이니 그것을 여호와의 곳간에 들일지니"(수 6:19)라고 말씀하셨다. 여호수아가 몰랐던 것은 자신이 전리품에 대한 이 명령을 따르지 않았다는 것이다. 하나님은 이스라엘 백성들이 죄를 지었다는 것과 그들이 훔친 "가증한 것"에서 이스라엘 백성들을 벗어나게 할 책임이 여호수아에게 있다고 말씀하셨다. 아이 성에서 이스라엘 백성들에게 떨어진 하나님의 진노의 원인이 되었던 것은 이 탐욕이었다. 따라서 하나님은 여호수아에게 울부짖음을 그치고 장로들을 소집해서 그 문제의 원인을 찾으라고 말씀하셨다.

여호수아는 하나님의 말씀에 복종했고 곧 아간이 죄를 범한 사람이라는 것을 밝혀냈다. 그는 바벨론의 외투 한 벌, 은 200세겔, 그리고 하나님께 바쳐야할 금 한 덩이를 훔쳤다. 그 결과 아간과 그의 온 가족은 돌에 맞아 죽임을 당하고 불태워졌다. 하나님은 이스라엘에게 내린 그분의 진노를 거두시고 축복을 되돌리셨다. 그 후에, 이스라엘 백성들은 아이 성을 즉각 점령했다.

종종 우리는 기도하는 중에 충분히 듣기보다는, 너무 많은 말을 하는 실수를 한다. 우리는 무엇인가에 대해서 한동안 기도한 후 아무 일도 생기지 않고 상황이 더욱 나빠지면, 여호수아와 같은 태도를 나타낸다. 우리는 어쩌면 들으려고 하는 것이 아니라, 우리 자신의 생각으로 하나님을 탓하기 시작한다. 우리는 다른 사람들을 보고 그분이 그들을 축복하신 것과 같은 방법으로 왜 우리들을 축복하지 않으시는지에 대해서 하나님께 묻는다.

우리는 불평하기보다는 왜 우리가 패배하게 되었는지를 하나님께 묻는 것이 필요하다. 그리고 나서 우리는 조용히 들어야 한다. 우리가 하나님께 기회를 드릴 때, 그분은 무엇을 해야 할지를 우리들에게 보여 주실 것이다.

한 젊은이가 어느 신학교에 다녀야 하는지에 대해서 나에게 상담하기 위해서 어느 날 아침 나의 사무실로 들어왔다. 우리가 의견을 나눌 때, 나는 그에게 하나님이 그 사명을 감당하도록 그를 부르셨다는 것을 언제 깨달았느냐고 물었다. 그는 3년 전에 하나님이 그에게 설교하기를 원하신다는 것을 깨달았다고 말했다. 그는 이 사실을 아내에게 말했고 그들은 함께 그 사역을 하는 것에 대해서 둘 다 흥분했다. 그 후 그는 직장에서 승진했다. 하나님은 그의 사명을 바꾸는 것에 대해서 그에게 도움이 되도록 하기 위해서 다른 면으로 축복을 주신 것이다. 그러나 어떤 행동으로 즉시 하나님의 부르심에 순종하는 것이 아니라, 그는 그것에 대해서 계속 기도를 하고 있었다. 그는 그가 그 사역을 준비하기 위해서 어떤 단계를 취해야한다는 것을 알고 있었지만, 그렇게 하지 않았다고 말했다.

그러자 축복은 끝나고 그는 하나님이 빨리 순종하라고 압력을 넣으신다는 것을 깨달았다. 그러나 순종하는 것이 아니라 3년 동안을 지연했다. 마침내 그 압력을 당해낼 수 없어서 그는 하나님이 그가 하기를 원하시는 일을 할 전기를 맞았다. 우리가 어떤 사정으로 주님께 나아갈 때 하나님은 "네가 이 관계를 회복할 때, 또는 네가 이 빚을 청산할 때, 또는 네가 이 분야에서 나에게 복종할 때, 그러면 내가 너를 축복하겠다"고 말씀하실 때가 있을 것이다. 흔히 그분이 우리들에게 보여주시는 것은 우리가 구하는 것과 관계가 없다. 예를 들면, 여리고의 금한 덩이가 아이 성에서의 승리와 무슨 상관이 있었는가? 어떤 의미에서 조금도 관계가 없다, 그러나 하나님이 보시기에는 금 한 덩이는 36명의 병사들의 생명과 같은 값어치가 있다. 그것이 당신이 경영하는 사업의 방법일 수도 있다. 그것이 습관일 수도 있다; 그뿐인가 그것이 당신이 잘못되었다고 생각하지 않은 것일 수도 있다. 그러나 하나님은 그것이 제거되어야 한다고 말씀하신다.

그러나 이런 상황에서 우리는 통상적으로 계속 기도한다. 우리는 심지어 하나님의 용서하심에 대해서 감사할 수도 있다. 우리는 우리가 그것에 대해서 충분히 기도한다면, 하나님이 그 문제를 되어가는 대로 모르는척 내버려 두실 것이라고 생각한다. 대담하게 행동하기보다는, 우리는 그 상황을 피한다.

그러나 우리가 늦추면 늦출수록, 하나님은 그분의 축복을 더 오래도록 허락지 않으신다. 하나님은 우리들에게 "왜 너희는 너희의 환경에 대해서 불평하기를 그치고 이것을 정리하지 않느냐"라고 말씀하신다. 때때로 우리는 무엇이 문제인지조차도 생각하지 못한다. 그러나 우리가 솔직하게 하나님께서 우리의 마음을 자세히 살피시도록 한다면, 문제는 대개 눈에 분명이 보이게 된다.

예를 들면, 당신이 과거에 누군가에게 돈을 빌렸는데 아직 갚지 않았다고 생각해보자. 때때로 당신이 기도하는 중에 이 빚이 당신 앞에 불쑥 나타난다. 당신은 이렇게 반응할 수도 있을 것이다, "주여, 나는 당신이 그것에 대해서 알고 계신다는 것을 알고 있나이다. 따라서 나는 당신이 나를 용서하여 주시는 것에 대해서 감사를 드리기를 원하나이다." 그러나 그것이 계속 생각난다. 하나님은 당신이 용서를 받았다 할지라도 여전히 갚아야 할 돈이 있다고 말씀하려고 하신다. 하나님은 당신이 갚지 않은 빚을 처리하기를 기다리고 계신다. 그 다음에 그분은 당신에게 그분의 축복의 손을 되돌리실 것이다.

우리는 전체적인 상황, 하나님의 전체적인 상황을 보는 것이 필요하다. 그분은 당신이 누군가에게 갚아야할 돈이나 또는 당신이 정확히 기억하지도 못하는 무엇인가에 대해서 당신이 누군가에게 사과하는 것에 관심이 있으신 것이 아니다. 그러나 그분은 성령께서 당신에게 처음 생각나게 하시는 것을 당신이 순종하는 것에 관심이 있으시다. 그분은 당신이 진리를 알자마자 그분께 순종하는 데 얼마나 걸리느냐에 관심이 있으시다. 지체하는 것은 완곡한 반항이며, 반항은 죄다. 무엇인가에 대해서 계속 기도하면서 동시에 당신이 옳다고 생각하는 것을 행하려고 하지 않는 것은 가장된 겸손의 옷을 입고 순종하지 않는 마음을 가리는 것이다. 그것은 죄다(약 4:17).

 적당한 시기의 중요성

여호수아의 이야기에서 우리가 마음에 간직해야 할 다섯 가지 원리가 있다. 첫째, 기다려야할 때가 있고 행동해야할 때가 있다. 기다려야 할 때는 하나님이 우리가 무엇을 하기를 원하시는가를 모를 때이다. 행동해야할 때는 하나님이 우리가 무엇을 해야 하고 그것을 어떻게 해야 하는지를 우리들에게 보여 주시는 순간이다.

 우리는 하나님을 탓할 수 없다.

둘째, 우리는 우리의 문제로 하나님을 탓하는 것이 시간 낭비라는 것을 기억해야 한다. 우리가 조금이라도 하나님께 책임을 전가시키려는 기분이 든다면, 그것은 재평가할 시간이다. 하나님은 우리들을 에워싸는 어떤 어려움을 허락하실 것이다. 그러나 사실은 언제나 우리에게 최선의 유익을 주기 위해서 이것을 허락하신다. 우리가 우리의 환경에 대해서 불평한다면, 우리는 하나님께도 불평하게 된다. 따라서 우리가 그분을 원망할 때, 우리는 그분의 지혜보다는 우리의 지혜를 더 믿게 된다. 이것이 우리가 하나님의 전체적인 상황을 보는 시각을 잃어버리는 이유이다.

척(Chuck)이 자기의 사업에 대해서 상담하러 왔을 때, 그의 사업은 손해를 보고 있었다. 우리의 대화중에 나는 그에게 잠언을 읽고 그 책에 있는 원리를 사업에 적용하라는 조언을 했다. 그때 우리는 둘 다 그가 그의 수입의 십일조를 드려야한다는 데 의견이 일치했다.

약 한 달 후, 척은 다시 나를 만나러 왔다. 그의 사업은 갑작스레 번창하고 있었고 모든 것이 그의 방식대로 되어가는 것 같았다. 그는 주님을 찬양했고 잘되어가고 있는 일에 대해서 그분께 모든 영광을 돌렸다.

그 뒤 석 달, 척의 사업은 다시 실패로 끝났다. 이때는 이전보다 더 상황이 나빠졌다. 그는 교회를 나가는 것을 그만두고, 십일조를 드리는 것도 그만두었고, 그리고 성경을 집어드는 것도 거절했다. 그의 아내는 척은 모든 혼란에 대해서 하나님을 탓한다고 했다. 모든 상황이 어느 때보다도 더 나빠졌고 변화에 대한 어떤 소망이 없는 것 같았다.

그러던 어느 날 모든 낙담과 비탄의 한 가운데에서, 척은 무엇인가가 몸에 닥쳐오는 것을 깨달았다. 그는 주님이 그에게 어떤 습관을 포기하라고 요구하셨는데 거절했다는 것을 아내에게 고백했다. 그는 그의 문제들이 자신의 탓인데 하나님을 탓해온 것이 잘못이라는 것을 깨달았다고 말했다.

우리는 어떤 관계를 잘못 예측할 수도 있다

셋째, 우리는 우리가 고칠 필요가 있는 것이 우리가 구하고 있는 것과 실제로 관계가 없을 수도 있다는 것을 기억해야 한다. 이것이 사실에 바탕을 두고 있기 때문에, 만일 우리가 우리 자신에게 솔직하지 않는다면, 우리는 이렇게 결론을 내릴 것이다. "이것은 실제로 나의 현재의 상황과 관계가 없다. 분명히 이것은 하나님께 나온 것이 아니다." 그러나 만일 같은 일이 되풀이 하여 계속 일어난다면, 당신은 그것이 얼마나 오래 전에 일어났느냐에 관계없이 그것은 하나님께 나온 것이라는 것을 확실히 신뢰할 수 있다.

척은 그의 재정적인 문제가 그의 잘못된 나쁜 습관과 어떻게 관계가 있는가를 깨닫지 못했다. 그러나 그의 재정적인 실패는 하나님께서 그의 주의를 집중시키는 방법이셨다. 척이 하나님이 행하시는 일을 깨달았을 때, 그는 그분을 탓하는 것을 그치고, 행실을 고쳤다.

순종을 지체하는 것은 불순종이다

넷째, 우리는 이런 문제를 즉시 처리해야 한다. 순종을 지체하는 것은 불순종이다. 하나님은 우리가 그분을 속이기 위해서 지체하는 것을 이용할 때, 우리의 기도에 관심을 갖지 않으신다. 만일 우리가 주님께 구한다면, 그분은 우리가 무엇을 할 필요가 있는지를 보여 주실 것이다. 그뿐만 아니라, 그분은 우리들에게 그들을 언제 실행하고 어떻게 실행해야 하는지에 대한 명백한 지침을 주실 것이다. 그분의 지침을 받자마자, 우리는 행동을 해야 한다.

축복은 순종의 결과로 온다

다섯째, 우리는 그분의 명령을 순종한 다음에 축복을 기대할 수 있다. 이스라엘에게 있어서, 아이 성의 정복은 아간을 돌로 치기 이전이 아니라 아간을 돌로 친 다음에 왔다. 하나님의 축복은 종종 우리의 순종에 달려 있다.

아마도 당신이 이 장을 읽을 때 하나님께서 당신이 처리해야할 무엇인가를 당신에게 생각나게 하셨을 것이다. 그것은 당신의 가족, 당신의 직업, 또는 당신의 친구들과 관련이 있을 수도 있다. 그러나 그것이 무엇이든지, 하나님은 당신에게 가장 좋은 것을 원하시기 때문에 당신이 그것을 처리하시기를 원하신다. 그분이 당신의 삶속에서 있는 무엇인가를 지적하실 때, 그것은 사랑의 흔적, 즉 못 자국의 흔적이 있는 손에 애정이 담긴 사랑의 손가락이다. 많은 하나님의 사람들이 하나님께 축복을 크게 받지 못하는 가장 중요한 이유 가운데 하나는 하나님이 불순종이라고 알려주신 태도나 행동을 그들이 엎드려서 바로 찾아내어 처리하지 않기 때문이다.

신앙적인 갈등 문제를 해결하지 않고 계속 기도하는 것은 우리의 기도 생활에서 하나님이 원하시는 성공을 우리가 교묘하게 벗어날 것이다. 하나님 아버지와 대화하는 것을 방해하지 않은 것보다 더 가치 있는 것은 아무 것도 없다. 그분이 당신의 삶속에 사랑의 탐조등을 비추실 때, 당신은 그분이 드러내신 일들을 당신의 삶에 대한 그분의 뜻과 관계가 없는 것으로 취급하겠는가, 아니면 즉시 처리하겠는가?

09
타인을 위한 기도

그러므로 내가 첫째로 권하노니 모든 사람을 위하여 간구와 기도와 도고와 감사를 하되 임금들과 높은 지위에 있는 모든 사람을 위하여 하라 이는 우리가 모든 경건과 단정함으로 고요하고 평안한 생활을 하려 함이라 이것이 우리 구주 하나님 앞에 선하고 받으실 만한 것이니 하나님은 모든 사람이 구원을 받으며 진리를 아는 데에 이르기를 원하시느니라 하나님은 한 분이시요 또 하나님과 사람 사이에 중보자도 한 분이시니 곧 사람이신 그리스도 예수라 그가 모든 사람을 위하여 자기를 대속물로 주셨으니 기약이 이르러 주신 증거니라 이를 위하여 내가 전파하는 자와 사도로 세움을 입은 것은 참말이요 거짓말이 아니니 믿음과 진리 안에서 내가 이방인의 스승이 되었노라 그러므로 각처에서 남자들이 분노와 다툼이 없이 거룩한 손을 들어 기도하기를 원하노라

(디모데전서 2:1-8)

우리 모두는 다른 사람을 위해 기도하고 결과를 보지 못한 것에 대해서 실망한 한 적이 있을 것이다. 우리는 그것을 우리의 믿음의 부족이나 또는 우리의 삶속에 말로 표현할 수 없는 어떤 죄의 탓으로 돌린다. 그러나 종종 실제적인 문제는 우리가 성경이 다른 사람을 위한 기도에 대해서 가르치고 있는 것을 모르고 있다는 것이다. 성경은 우리가 다른 사람을 위해서 기도할 때 따라야 할 어떤 원리가 있다는 것을 분명하게 설명한다. 만일 우리가 기도하는 사람들의 삶속에 하나님이 필요한 것을 채워 주시고 필요한 변화를 보여 주시는 것을 보려고 한다면 이 원리를 이해하고 적용하는 것이 중요하다. 성경이 우리들에게 기도하도록 명령하신 사람들을 세심하게 검토해

보자.

권위 있는 사람들

바울 사도는 왕들과 높은 지위에 있는 사람들을 위해서 기도해야 한다고 말한다(딤전 2:2). 우리들에게 그것은 대통령, 국회의원, 시장, 나아가 우리의 상관을 의미할 것이다. 우리는 그들이 필요한 것을 주님께 거론하면서 그들의 편에서 중재해야 한다. 그리고 나서 우리는 그들에 대해서 감사 기도를 드려야 한다.

미국에서의 윤리의 쇠퇴, 고관들의 부패, 지도자들의 신용의 상실, 그리고 그들에 대한 시민들의 신뢰의 상실은 우리의 지도자들에 대한 우리의 기도의 역할에 대한 책임을 되찾는 것이 필요하다.

우리는 공직에 임명된 사람들뿐만 아니라 입후보하는 사람들이 하나님을 경외하고 그분을 주님으로 인정하도록 기도해야 한다. 권위를 갖고 있으면서 하나님을 두려워하지 않는 사람들과 우리가 어떻게 모든 경건과 단정함으로 고요하고 평안한 생활을 할 수 있겠는가? 하나님을 두려워하지 않는 지도자들은 갈등과 분쟁을 야기한다. 잠언 기자는 이렇게 기록했다. "의인이 많아지면 백성이 즐거워하고 악인이 권세를 잡으면 백성이 탄식하느니라"(잠 29:2).

바울 사도는 우리들에게 기도하라고 권한다(딤전 2:1). "권한다"는 말은 강하게 권하여 힘쓰게 하는 것을 의미한다. 우리는 공직에 있는 사람들을 위해서 기도하도록 강한 권고를 받았다. 우리는 그들이 하나님의 관점으로 우리 사회의 고통을 주는 문제들을 볼 수 있도록 기도해야 한다. 만일 하나님의 사람들이 끊임없이 마음에 새겨야 할 필요가 있는 충고가 있다면, 그것은 권위를 가진 사람들을 위해서 기도하라는 바울 사도의 이 말이다.

그리스도의 몸

이어서 우리는 그리스도의 몸(교회)을 위해서 기도해야 한다. 우리는 모든 성도들을 위해서 기도할 책임이 있다(엡 6:8). 그리스도의 몸의 어떤 부분은 박해를 받고 있다. 다른 부분은 미적지근하다. 또 다른 부분은 하나님의 말씀의 진리를 무시하고, 그것의 확실성을 의심하면서 냉담하다. 몸의 또 다른 부분은 아직도 재정적인 부족상태에 있다. 우리는 단지 "교회를 축복해 주시옵소서"라고 하는 것과 같이 불쑥 던지는 포괄적인 간구가 아니라, 각 부분의 구체적인 필요에 따라 각

부분을 위해서 중재해야 한다. 우리는 단지 우리가 개인적으로 포함되어 있는 집단만이 아니라, 모든 성도들을 위해서 기도해야 한다.

천직의 종들

우리는 또한 전임 봉사자로 부름받은 하나님의 종들을 위해서 기도해야 한다. 어떤 의미에서, 우리 모두는 전임 봉사자들이다. 그러나 우리는 특별히 영적인 봉사가 그들의 일생의 사명인 목사들, 교사들, 선교사들, 순회 복음 전도자들을 위해서 기도해야 한다.

바울 사도는 우리들이 어떻게 기도해야 하는가에 대해서 말한다. 첫째, 우리는 그들에게 말하는 능력을 주시도록 기도해야 한다. 즉, 우리는 하나님이 그분의 종들에게 무엇을 설교하고 가르칠 것인가를 제시해 주시도록 기도해야 한다. 둘째, 우리는 이 특별한 종들이 진리를 담대하게 전할 수 있도록 기도해야 한다. 그 다음에 우리는 그들이 분명한 메시지로 복음의 비밀을 밝혀 주도록 기도해야 한다. 이 세 가지 특성은 바울 사도가 효과적인 사역의 열쇠가 된다는 것을 개인적인 체험을 통해서 깨달은 것이다.

목사로서, 나를 위해서 기도하고 있는 사람이 있다는 것을 아는 것보다 더 마음을 든든하게 하는 것은 없다. 우리 교회에 나를 위해서 기도하려고 매일 새벽 2시에 일어나는 나이가 지긋하고 반 지체 부자유자인 전도사가 있다. 가끔 그는 주님이 알려주신 나의 삶에 특별히 필요한 것을 다루는 성경 구절을 보낸다. 그의 예측은 항상 정확해서 그의 편지와 성경 구절은 언제나 나에게 용기를 북돋아 준다.

목회자들에게 하나님의 사람들이 지속적으로 기도해 주는 것보다 더 귀중한 가치가 있는 것은 없다. 그러나 오늘날 교회에서 하나의 주요한 문제는 사람들이 목회자를 위해서 기도하기보다는 목회자들의 흠을 잡으면서 시간을 보낸다는 것이다. 하나님의 종들에게 전보다 더 기도로 용기를 북돋아 주는 것이 필요하다. 그들은 전보다 더 말하는 능력, 담대함, 그리고 복음을 명백하게 제시하는 것이 필요하다. 지금은 우리가 비판을 멈추고 간구를 시작할 시기이다.

일꾼들

다음에 우리는 일꾼들, 즉 앞으로 부름 받을 일꾼들을 위해서 기도해야 한다. 예수님은 그분의 제자들에게 이렇게 기도하라고 촉구하셨다 "그러므로 추수하는 주인에게 청하여 추수할 일꾼들을 보내 주소서 하라"(마 9:38). 우리는 하나님이 그분의 부르심을 마음에 새기고 그분의 능력으로 설교하고, 가르치고, 찬양하고, 그리고 교회에서 지도자의 역할을 수행하도록 부르시는 사람들을 위해서 기도해야 한다.

그분의 사역을 시작하라는 하나님의 부르심을 받고 바로 이 순간 고심하는 사람이 있다. 사탄은 그들을 세상으로 끌어들이기 위해서 그의 능력 안에서 모든 일을 하고 있다. 이런 사람들은 우리의 기도가 필요한 데, 특히 그들의 결정에 영향력을 행사하는 사탄의 능력을 결박하는 기도가 필요하다. 우리는 그들이 민감해져서 성령의 내적 충동에 순종하도록 기도할 필요가 있다.

잃어버린 자

또한 우리는 잃어버린 자를 위해서 기도해야 한다. 기도에 관련된 대부분의 성경은 우리들에게 성도들을 위해서 기도하도록 권고한다. 그러나 또한 바울 사도는 우리들에게 모든 사람이 구원받는 것이 하나님의 뜻이라고 말한다(딤전 2:4-6). 잃어버린 사람들을 위해서 기도하는 것은 하나님의 뜻과 일치하는 기도이다.

우리의 적대자들

우리가 기도해야 할 마지막 집단이 있다. 바로 우리의 적대자들이다. 예수님은 이렇게 말씀하셨다. "너희 원수를 사랑하며 너희를 박해하는 자를 위하여 기도하라" (마 5:44). 특히 그들이 우리들에게 변함없는 행동을 한다고 생각한다면, 우리가 좋아하지 않는 사람을 위해서 기도하는 것은 아주 어렵다. 그런데 우리가 왜 우리의 적대자들을 위해서 기도해야 한다는 가르침을 받아야 하는가? 이는 우리가 모든 사람들을 위해서 기도해야 하는 것과 같은 이유이다. 그것은 모든 경건과 단정함(저자가 사용한 흠정역 성경은 정직으로 번역되었음: 역주)으로 고요하고 평안한 생활을 하기 위해서(딤전 2:1-2)이다. 요점은 다음과 같다. 이런 기도는 결코 개인적으로 좋아하고 또는 싫어하는 것에 근거하는 것이 아니라, 온 인류의 평화와 경건한 생활을 바라는 우리의 소원에 근거한다.

공직에 경건한 사람이 임명되고 그들을 위해서 기도한 하나의 결과는 평화롭고 경건한 사회가 되는 것이다. 동시에, 가정 또는 직장에서 권위를 가진 사람을 위해서 기도하는 결과로 그곳에 평화가 있을 것이다. 하나님이 우리 안에 먼저 역사하심으로 평화를 가져다주실 수도 있다. 그러나 그분이 그것을 어떻게 하셨는지에 관계없이, 그분은 마지막 결과가 같을 것을 약속하셨다.

기도를 통해서 하나님은 갈등으로 야기된 감정적인 골을 메우신다. 그러면 하나님은 경건함과 경외심의 성령을 분명하게 보여 주신다. 우리의 가정, 우리의 국가, 그리고 우리의 직장에서의 평화와 경건은 우리의 기도에 달려 있다. 나는 만일 하나님의 사람들이 하나님이 뜻대로 기도한다면, 그분은 이 나라에 기적을 행하실 것이라는 것을 확신한다. 이 세대가 지금까지 경험하지 못했던 고요함과 평화가 있을 것이다.

그러나 만일 우리가 기도를 태만히 한다면, 우리 사회는 영적으로 쇠퇴하여 대 혼란이 계속될 것이다. 하나님의 사람들에게 책임이 있다. 이는 오직 우리가 이 타락한 세상을 변화시킬 수 있는 능력의 근원이신 전능하신 하나님께 나아가는 방법 밖에 없다.

기도하는 방법

우리가 누구를 위해서 기도해야 하는가를 알았으므로, 그들을 위해서 기도하는 방법을 알아보자. 우리는 변화의 의지나 또는 기대 없이,

우리의 양심을 진정시키기 위해서 다른 사람들을 위해서 기도할 때가 많다. 우리는 마음에 분명한 축복이 없는 막연한 기도를 한다. 만일 우리가 기도를 하려고 한다면, 효과적으로 기도하는 법을 배우자.

동정심

우리는 사랑과 측은히 여기는 마음으로 기도해야 한다는 것을 잊지 말아야 한다. 편견 또는 분노의 기색이 조금이라도 있는 기도는 하나님이 듣지 않으실 것이다. 더욱이 우리는 우리가 분개와 쓰라림을 느끼는 사람을 위해서 끊임없이 기도하지는 않을 것이다. 무슨 행동을 했는지 또는 누구 탓으로 돌려야 하는지에 관계없이 하나님은 기도할 때 우리의 태도가 정당하기를 원하신다.

우리는 다른 사람에게 반응하는 삶이 아니라, 오히려 그분의 성령에 반응하는 삶을 살아야 한다. 만일 우리가 하나님이 우리의 적대자들에 대한 우리의 쓰라림을 기꺼이 치료해 주시기를 바란다면, 그분은 그것을 하실 것이다. 매번 그분은 그들에 대한 우리의 기도를 통해서 그것을 하실 것이다. 그러나 어떤 경우든지, 우리는 사랑과 동정으로 충만한 마음으로 기도해야 한다.

기도는 연결 고리다.

이어서 우리는 우리의 기도가 하나님의 무진장한 원천과 사람이 필요한 것을 연결하는 고리라는 것을 깨달아야 한다. 기도를 통해서 우리는 무한한 원천인 하나님의 손을 어려움에 처한 사람의 손으로 향하게 한다. 하나님은 능력의 원천이시다. 그리고 우리는 그분이 둘을 서로 연결하기 위해서 사용하시는 도구이다. 우리는 필요한 것과 그 필요한 것을 만족시키는 것 사이의 틈새에 서 있다. 우리가 그 위치에 있는 자기 자신을 볼 때, 변함없이 확고한 믿음이 필요하다는 것을 깨달을 것이다. 우리는 끊임없이 기도하기 시작할 것이다.

어느 날 오후 다른 도시에서 한 목사가 교회 문제로 조언을 구하기 위해서 나를 찾아 왔다. 그의 교회는 두어 서 너 명의 집사들이 그 교회의 재산을 관리하려고 했다. 그것이 그 목사를 자극하게 하는 실질적인 원인이었고, 이 목사는 참을 만큼 참았다. 그날 저녁 그 교회는 집사들을 선출하는 방식을 서로 의논할 예정이었다. 이 유별난 사람들은 모든 성도들 앞에서 공공연히 목사를 자극하기 위해서 협박했다. 그들은 그때까지 자기들 생각대로 해왔고, 이 목사는 문제를 반전시키거나 그렇지 않으면 교회가 참으로 피해를 입을 시점이라는 것을 알고 있었다.

그는 불안하고 두려웠다. 잠시 동안 이야기를 나누고 나는 그에게 직무상 모임에 필요한 성경 구절을 알려 주었다. "내가 주 여호와의 능하신 행적을 가지고 오겠사오며 주의 공의만 전하겠나이다"(시 71:16). 그리고 나서 그에게 기도하겠다고 말했다. 나는 목사와 그가 극복하지 않으면 안 되는 일 사이의 틈새에 섰다. 나는 특히 하나님이 다니엘의 경우에 사자의 입을 막으신 것처럼 나의 친구를 반대하고 나서는 입을 막아달라고 기도했다.

그 날 밤늦게 그 목사가 나를 다시 찾아왔다. 그는 내가 거의 이해할 수 없을 정도로 매우 들떠 있었다. 그는 그것은 그들이 지금까지 경험했던 가장 순조로운 직무상 모임이었고 아무도 그의 제안에 반대하는 말을 한마디도 하지 않았다고 말했다.

때로 우리는 어떤 주어진 상황의 틈새를 막는 가장 알맞은 사람이 될 것이다. 이것은 특히 우리가 필요한 것에 대해서 낱낱이 아는 유일한 사람이라면 딱 맞는다. 이 경우에 곤경에 처한 사람을 위해서 중재하는 것은 우리의 유일한 책임이다. 이런 종류의 기도는 일이다. 그러나 그것은 보람이 있다. 이것은 그리스도께서 기도하신 방법이다. 그분은 하나님과 온 인류 사이의 틈새를 막으셨다. 그분은 하나님과 온 인류의 연결고리셨다. 같은 방법으로, 우리는 다른 사람을 위해서 우리 자신을 사용할 수 있어야 한다.

그들이 필요한 것을 공감해야 한다.

다른 사람들을 위해서 효과적으로 기도하기 위해서 우리는 그들이 필요한 것을 공감해야 한다. 영적으로, 감정적으로 그들이 느끼는 것을 느껴야 한다. 예수님이 군중들을 눈여겨보셨을 때, 그분은 그들을 불쌍히 여기셨다(마 20:34, 9:36, 14:14; 막 1:41; 눅 7:13). 그분은 그들이 느끼는 것을 느끼셨다. 그리스도께서는 모든 면에서 우리와 똑같은 시험을 받으셨고 시련을 겪으셨다(히 4:15). 왜 그렇게 하셨는가? 한 가지 이유는 그분이 우리를 위해서 효과적인 기도를 할 수 있도록 하시기 위해서다. 그분은 우리가 처한 모든 상황에서 우리가 어떻게 느끼는가를 알고 계신다. 당신과 내가 주님과 대화할 때 그분은 우리를 동정하실 수 있다. 그분은 30년 동안 가정생활을 하셨다. 그분은 가정에서 부딪치는 문제를 알고 계신다. 그분은 목수 가게에서 일하셨다. 그분은 노동자들을 동정하실 수 있다. 그분은 미움을 받고 배척을 당하셨다. 그분은 핍박 받는 사람들을 동정하실 수 있다.

　나는 내가 비슷한 상황에 처해보았기 때문에 그의 교회에서 반대에 직면한 그 목사를 동정할 수 있었다. 나는 그 목사를 위해서 기도할 때, 내가 집사들의 반대에 직면했을 때, 어떤 느낌이 들었는가를 상기했다. 나는 거절을 당했을 때의 감정을 상기했다. 나는 매주일 날 설교하기 위해서 일어섰을 때 느꼈던 중압감을 상기했다. 이 모든 것이 나에게 그 목사를 위해서 열심히 기도하도록 동기를 부여했다. 그와 공감한 것이 나에게 다른 사람들이 거의 할 수 없는 방법으로 기도하도록 했다.

고난의 목적

　하나님이 우리들에게 고난을 허락하시는 한 가지 주요한 이유는 우리가 기도하는 중에 다른 사람들과 동일시할 수 있도록 하기 위해서이다. 우리는 고난을 받아보기 전까지, 고난 받고 있는 사람을 열등하고 약한 사람이라고 틀에 박는 경향이 있다. 우리는 그들에게 대해서 거의 참지 못하고, 더구나 그들을 위해서 기도해야 할 짐을 지지 않는다. 그러나 그리스도께서는 배척을 당하고 고난을 당하는 사람들과 함께 사셨다. 그분은 그들과 하나이셨다.

우리가 고통을 피할 때, 우리는 하나님을 위한 우리의 유용성을 제한하는 것이다. 우리는 시련을 통해서 받는 위로를 통해서, 다른 사람들을 위로하는 법을 배운다(고후 1:4). 이 구절은 우리가 만일 지금까지 위로를 필요로 하지 않았다면, 우리는 다른 사람들을 위로하는 방법을 모를 것이라는 뜻을 내포하고 있다.

따라서 만일 우리가 다른 사람들을 위해서 기도하려고 한다면, 우리는 우리가 다른 사람들이 보는 것을 보고, 그들이 느끼는 것을 느끼게 해달라고 주님께 구해야 한다. 우리는 그들의 상처를 이해해야 한다. 그렇게 하는 유일한 방법은 우리 자신이 상처를 겪어보아야 하는 것이다. 우리가 다른 사람들과 고통을 나눌 때, 우리는 그 어느 때도 경험하지 못했던 열심을 가지고 기도할 것이다.

다른 사람들을 위해서 가장 좋은 것을 구하라

우리가 다른 사람들을 위해서 기도할 때, 우리는 그들에게 가장 귀중하고 바람직한 것을 구해야 한다. 우리는 그들에 대한 모든 이기적인 욕구를 죽이고 하나님께 가장 좋은 것만 구해야 한다. 우리는 우리의 기도에 하나님께 조건을 붙일 수 없다. 우리가 어떤 대가를 치른다 할지라도 그럴 수 없다. 예를 들면, 만일 한 소녀가 그녀의 남자 친구가 구원을 받게 해달라고 기도하고 있다면, 그녀는 하나님이 그녀의 기도를 응답하시도록 하려면 무엇이든지 마다하지 않고 해야 한다. 만일 그녀가 "그와 헤어지는 것을 제외하고는 무엇이든지 하겠나이다"라고 말한다면, 하나님은 그녀의 기도를 그녀가 기꺼이 헤어지는 조건으로 응답하실 수도 있다. 우리가 하나님께 어떤 조건을 내건다면, 그분은 종종 우리의 기도의 응답을 조건에 의하여 결정하신다.

칼(Carl)은 그의 반항적인 아들에 대해서 수개월 동안 기도하고 있었다. 그의 22세 된 아들은 집을 떠나서 마을 밖에 있는 오두막집에서 몇 명의 청년들과 함께 기거하고 있었다. 칼은 그의 아들이 그가 집을 떠나기 전부터 마약에 연루 되어 왔고 그 후 곧 마약 판매인이 되었다는 것을 알게 되었다. 칼의 두 가지 주요한 관심은 하나님이 그의 아들을 집으로 돌아오도록 해주시는 것과 아들이 체포되지 않도록 해 주시는 것이었다.

어느 날 아침 칼이 아들을 위해서 기도하는 중에, 하나님이 그에게 말씀하셨다. 칼은 그가 하나님께 이기적인 요구를 하고 있다는 것을

타인을 위한 기도 | 211

깨달았다. 그는 그 마을에 잘 알려진 사람이어서 만일 아들이 마약 혐의로 체포된다면, 난처해질 것이다. 칼은 만일 죄에서 그의 아들을 구해내는 유일한 방법이 아들이 체포되는 것이라면 자신의 명성에 어떤 악 영향이 미친다할지라도 그것이 닥치는 것을 마다하지 않겠다고 주님께 말씀을 드렸다.

며칠 후, 칼은 경찰로부터 한 통의 전화를 받았다. 그의 아들이 불법적으로 마약을 소지한 혐의로 체포되어서 고발을 당했다는 것이다. 칼이 경찰서로 아들을 태우러 차를 몰고 갔을 때, 그는 하나님이 그의 아들을 집에 돌아올 수 있도록 하시기 전에 그의 태도를 바르게 하도록 하기 위해서 그를 기다리고 계셨다는 것을 깨달았다.

하나님은 칼의 순종을 받아들이셨다. 그와 그의 아들은 깨진 관계를 원상회복했고, 그 뒤 곧 그의 아들은 다시 집을 떠났다. 이때는 목사가 되기 위한 공부를 하기 위해서였다.

우리가 누군가를 위해서 기도할 때 우리는 그 문제에서 완전히 손을 떼고 하나님이 보시기에 적당한 방법대로 역사하시도록 해야 한다. 그것은 우리가 원하는 방법으로 나타나지 않을 수도 있지만, 결과는 언제나 쌍방에게 더할 나위 없는 득이 될 것이다.

응답의 역할

다른 사람을 위한 기도를 할 때, 우리는 필요하다면 기꺼이 응답의 역할을 해야만 한다. 만일 우리가 기도 응답에 있어서 우리 자신의 기도가 사용되기를 꺼린다면, 우리는 하나님과 협력하고 있지 않는 것이다. 그 결과로서, 그분은 우리와 협력하지 않으실 것이다. 그분은 우리의 기도를 응답하지 않으실 것이다. 왜 그런가? 이것들은 고립과 분리의 기도이기 때문이다. 우리는 이렇게 기도하고 있다. "하나님, 나는 누군가의 문제에 말려들고 싶지 않나이다. 당신이 그것을 처리 해 주시옵서"

당신은 예수님이 "미안하다, 바디매오야, 나는 내 손을 더럽히고 싶지 않다"라고 하셨을 것이라 생각할 수 있겠는가? 하나님은 우리의 고립의 기도를 듣지 않으실 것이다. 만일 우리가 그것보다 더 관심을 갖지 않는다면, 하나님은 우리의 기도에 관심을 갖지 않으실 것이다. 우리가 구하기만 하고 아무 것도 하지 않는 한, 그분은 듣기만 하시고 아무 것도 하지 않으실 것이다. 만일 우리가 아무 것도 희생하지 않는다면, 거의 답례를 기대할 수 없다.

당신 자신이 선교지로 기꺼이 가기를 바라지 않거나 또는 당신의 자녀를 보내기를 원치 않는다면 더 많은 선교사들을 보내 달라고 기도하지 말라. 당신이 다른 사람에게 기꺼이 주기를 원치 않는다면 그에게 재정적으로 필요한 것을 위해서 기도하지 말라. 당신이 잃어버린 자들에게 가서 그리스도께서 당신에게 말씀하신 것을 나누기를 원치 않는다면 그들을 위해서 기도하지 말라.

✻ 우리는 끝까지 해내야 한다.

우리가 다른 사람을 위해서 중재할 때, 우리는 끝까지 해내야 한다. 우리는 응답이 올 때까지 기꺼이 기도를 계속해야 한다. 우리가 기도의 응답을 더 체험하지 못하는 한 가지 이유는 우리가 대가를 치르기를 원치 않기 때문이다. 대개 그 대가는 시간이다. 우리가 정말로 누군가를 위해서 짐을 지고 있고 참으로 그들이 느끼고 있는 것을 느끼고 있다면, 우리는 어쩌면 그들의 짐이 제거될 때까지 기도를 중단할 수 없을 것이다. 그러나 만일 우리가 동정하지 않고 기도만 하면서 우리의 양심을 만족시키고 있다면, 우리는 곧 어려움에 처한 사람을 잊어버릴 것이다. 우리가 친구들에게 관대한가에 대한 진정한 기준은 우리가 그들을 위해서 기도로 우리의 삶을 기꺼이 버리는가에 달려 있다. 친구들에 대한 우리의 충성은 그들을 위한 우리의 끊임없는 기도로 평가된다.

"나는 당신을 사랑해요"라고 경솔하게 말하고 그들이 어려움에 처해 있을 때 기도하는 것을 잊어버리는 것은 그 사람들을 속이는 것이다. 그러나 특별히 필요한 것을 위해서 누군가가 우리들에게 얼마나 많은 기도를 부탁했고, 우리는 "내가 당신을 위해서 기도하겠어요"라고 얼마나 많이 말했는가. 그리고 나서 우리가 그들을 조금이나마 기억한다면, 우리는 약식으로 그들을 위해서 기도한다. 우리는 정말로 사랑이 무엇인가 알고 있는지를 반성하고 깨달을 필요가 있다. 우리는 정말로 사랑하는 사람을 위해서는 끊임없이 기도한다. 이것이 우리의 기도가 대개 우리 자신의 욕망이나 필요한 것으로 가득 채워져 있는 이유이다.

당신에게 기도해 주기를 원하시는 세 사람을 보여 주시도록 하나님께 기도하라. 무거운 짐을 지고 있는 사람, 마음이 아픈 사람, 특별히 필요한 것이 있는 사람. 당신이 기꺼이 기도 응답의 역할이 되게 해달라고 하나님께 말씀드려라. 그리고 나서 그들의 짐을 당신과 함께 나누어 지게 해달라고 그분께 기도하라. 이 세 사람을 진심으로 동정하고 사랑하는 마음을 달라고 하나님께 구하라. 당신이 그들을 위해서 기도하고 중재하는 방법을 가르쳐 주시기를 원한다고 그분께 말씀드리라. 세 사람으로 시작하라. 그러고 나서 주님이 하시는 대로 추가하라.

만일 우리 모두가 서로를 위해서 기도를 시작한다면, 하나님의 성령께서 우리들에게 하늘의 축복을 풀어 주실 것이다. 가정이 좋아지고, 사업이 축복을 받을 것이며, 그리고 교회들은 끊임없이 성령의 회복이 있을 것이다. 만일 우리가 우리의 기도에 이런 간단한 원리를 적용한다면 하나님이 당신의 삶 가운데 무슨 일을 하실 것인가를 말로 설명할 방법은 없다. 당신은 결코 같은 일이 없을 것이며 또한 다시 같은 기도를 할 필요가 없을 것이다.

10
기도는 행동이다

그때에 아말렉이 와서 이스라엘과 르비딤에서 싸우니라
모세가 여호수아에게 이르되 우리를 위하여 사람들을 택하여
나가서 아말렉과 싸우라
내일 내가 하나님의 지팡이를 손에 잡고 산 꼭대기에 서리라
여호수아가 모세의 말대로 행하여 아말렉과 싸우고
모세와 아론과 훌은 산 꼭대기에 올라가서
모세가 손을 들면 이스라엘이 이기고 손을 내리면 아말렉이 이기더니
모세의 팔이 피곤하매 그들이 돌을 가져다가 모세의 아래에 놓아
그가 그 위에 앉게 하고 아론과 훌이 한 사람은 이쪽에서, 한 사람은 저쪽에서
모세의 손을 붙들어 올렸더니 그 손이 해가 지도록 내려오지 아니한지라
여호수아가 칼날로 아말렉과 그 백성을 쳐서 무찌르니라

(출애굽기 17:8-13)

이스라엘 백성들이 광야를 거쳐서 가나안으로 나아갈 때, 약하고 병든 많은 사람들은 여행자들의 뒤에 위치하게 해서 할 수 있는 한 가장 좋은 길로 계속 나아가도록 하기 위해서 남겨 두고 갔다. 그 결과, 이스라엘 백성들은 사막의 끝에서 끝까지 수마일에 걸쳐서 뻗쳐 있었다. 그 지역의 유목민인 아말렉 족속이 이 상황을 이용해서 뒤에 처진 사람들을 공격하고 약탈했다. 이스라엘 백성들은 아말렉 족속보다 싸울 준비가 훨씬 덜 되어 있었지만, 어쩔 수 없이 싸우게 되었다. 이스라엘 백성들은 들고 갈 수 있을 만큼 재물을 잔뜩 싣고 애굽에서 나왔는데, 이 비밀이 누설되었던 것이다. 아말렉 족속은 이 재물을 훔치기 위해서 어떤 위험도 마다하지 않았다.

모세가 여호수아에게 남자들을 선택해서 아말렉 족속들과 싸우라고 말했다(출 17:9). 한편 모세와 아론 그리고 훌은 싸움을 훤히 바라볼 수 있는 언덕으로 올라갔다. 두 군대가 싸움을 시작했을 때, 모세가 그의 머리 위로 하나님의 지팡이를 들어 올리자 싸움의 양상이 즉각 반전되었다. 이스라엘 백성들이 이기기 시작한 것이다. 모세가 피곤해서 지팡이를 내리자, 전세가 역전되어 아말렉 족속이 그 싸움을 이기기 시작했다. 이 싸움의 결정적인 요인은 모세가 지팡이를 들고 있느냐 아니냐하는 것이라는 것이 모세와 아론 그리고 훌에게 또렷이 보였다. 그래서 아론과 훌은 모세를 바위위에 앉게 하고 각자 모세의 팔을 하나씩 붙잡고 지팡이를 들어올렸다. 이스라엘 군대는 장비와 준비 부족 때문에 불리한 상황이었지만, 그럼에도 불구하고 아말렉 족속들을 이겼다.

어떤 점에서 싸움을 이겼느가

군대의 힘 또는 여호수아의 군사적인 자질 때문에 이스라엘이 이긴 것이 아니다. 싸움의 승패는 아론과 훌이 모세의 손을 들어 올린 언덕의 꼭대기에서 결정되었다. 공포스러운 상황에서 행동의 결과를 결정한 것은 언덕의 꼭대기에서의 행동이었다. 만일 우리가 주의 깊게 관찰해 본다면, 우리의 기도 생활을 더 즐겁게 만들고 우리의 기도를 더 많은 결실을 얻게 만드는 세 가지 원리를 이 사건을 통해 볼 수 있다. 첫째, 삶의 싸움은 우리의 일상생활의 싸움터가 아니라, 기도의 장소에서 이기고 진다. 참으로 교회의 영적인 성공 또는 실패는 목사의 수완, 성도의 숫자, 또는 조직의 힘에 달려 있지 않다. 하나님의 관점에서 성공은 오직 기도를 통해서 얻을 수 있다. 다른 것들을 성공에 대한 기준으로 보는 사람들은 성령의 역사에 대한 개념이 없다. 세상은 외적으로 나타나는 것에 준하여 교회를 판단한다. 그러나 하나님은 눈으로 나타나는 것을 통해서 그분의 싸움을 이기도록 하지 않으신다. 하나님은 그 나라를 위해서 중재하는 사람을 통해서 그분의 싸움을 이기도록 하신다.

   나는 우리 교회의 집사들이 다달이 갖는 모임을 매우 두려워했던 때가 있었다. 그들은 모임을 보통 3시간 이상을 지속했다. 모임을 끝마쳤을 때 나는 감정적으로 육체적으로 기진맥진했다. 왜냐하면 통상 모임의 성과가 아주 적었기 때문이다. 그때 주님은 기도 모임을 토요일 아침에 시작하도록 집사들의 마음을 하나같이 때리셨다.

매주 토요일 우리는 만나서 두 세 시간을 기도했다. 주님은 이례적인 방법으로 우리의 마음을 하나로 결합시키기 시작하셨다. 전에는 한 번도 없었던 일이었으나 이제 우리들의 마음과 목적이 하나 되었다.

곧 우리의 매달 모임의 본질이 변화되었다. 모임의 분위기가 더 편해졌고 모두 안건에 기꺼이 동의했다. 모임 시간이 전보다도 짧게 줄었고, 누구나 우리가 보다 많은 일을 수행하자는 데 동의했다. 안건이 너무 빨리 처리되어서 우리는 그 모임 시간을 토요일 오후로 옮겼다.

집사들은 토요일 아침에 함께 기도한 것이 변화를 가져왔다는 데 의견이 일치했다. 하나님의 일은 대부분 우리의 무릎으로 처리되는 것이다. 어떤 상황을 처리할 때, 우리는 먼저 기도해야 한다. 왜냐하면 참으로 일이 처리되는 것은 우리의 무릎에 달려 있기 때문이다.

출애굽기의 이 사건에서 하나님은 모세, 여호수아, 그리고 나머지 사람들에게 어떤 교훈을 가르치기를 원하셨다. 두 군대 사이에 단순한 싸움이상의 일이 일어나고 있었다. 큰 영적인 싸움이 일어나고 있었던 것이다. 하나님의 메시지는 이와 같다. 우리의 영적인 싸움에 있어서, 결과는 싸움터에서 보이는 것에 의해서 결정되는 것이 아니라,

오히려 기도의 장소에서 일어나는 일에 의해서 결정된다. 그것이 구약 성경에 시종 일관하여 하나님이 그분의 백성들을 극도로 불리한 상황에 처한 투쟁의 무대에 놓으신 이유이다. 그때 보고들은 모든 사람들이 놀랍게도, 그분의 백성들은 승리를 보여주었다. 왜 그렇게 되었는가? 그분을 전적으로 의지하고 흔들리지 않는 믿음으로 하나님 앞에서 무릎으로 엎드려 싸웠기 때문이다. 그들의 널리 알려진 승리는 그들의 은밀한 기도의 승리의 결과였다.

우리가 싸움이 시작되기 전에 하나님을 전적으로 의지하면서 무릎을 꿇었을 때, 하나님은 우리의 눈이 그분을 향하도록 하신다. 그분은 다가오는 싸움을 준비하도록 하기 위해서 우리를 걸러서 깨끗하게 하신다. 하나님은 우리들에게 싸움에 대한 그분의 시각을 주시는데, 그것은 언제나 우리의 시각보다도 훨씬 더 낫다. 우리의 믿음은 우리를 대적하는 사람들이 또한 우리 안에 계시는 그리스도를 대적하고 있다는 것을 깨달을 때 솟구친다. 그분은 우리가 어떤 경우에 처해 있든지 우리들에게 그분의 충분한 능력을 주신다. 따라서 그분은 그분 자신의 말씀으로 우리들에게 승리를 약속하셨다. 우리가 우리의 기도의 장소에서 일어날 때, 우리는 어떤 싸움이라도 승리의 확신을 가지고 당당하게 진군한다. 왜냐하면 싸움은 주님께 속했고 승리는 우리의 것이기 때문이다. "항상 우리를 그리스도 안에서 이기게 하시고 우리로 말미암아 각처에서 그리스도를 아는 냄새를 나타내시는 하나님께 감사하노라"(고후 2:14). 가정에서의 많은 갈등은 만일 가족들이 하나님 앞에 무릎을 꿇고 그들 자신들의 마음을 자세히 살피고, 그분께 싸움을 맡긴다면, 단시간에 끝날 것이다. 우리는 그분만이 모든 영적인 것이나 육적인 것의 공급자시라는 사실을 깨달아야 한다(벧후 1:3). 우리는 그분을 전적으로 신뢰함으로 개개의 상황으로 들어가야 한다. 그때, 그때만이 하나님은 적들을 이길 초자연적인 능력을 나타내실 것이다.

나눌 가치가 있는 교훈

모세가 배웠던 교훈은 아주 중요해서 하나님은 특히 여호수아에게 모든 이야기를 상세하게 전해주라고 모세에게 말씀하셨다. 하나님은 여호수아가 곧 이스라엘 백성들의 지도자가 될 것이라는 것을 알고 계셨다. 그분은 앞으로 치르게 될 많은 전쟁 동안 내내, 하나님이 그들 옆에서 싸우고 계시다는 확신이 여호수아에게 필요하다는 것을 알고 계셨다. 하나님은 여호수아의 전쟁에 대한 시각이 하늘의 시각이 되기를 원하셨다. 이것은 우리에게도 똑같이 적용되어야 한다.

하나의 문제는 우리가 흔히 우리의 적이 누구인지 모른다는 것이다. 우리는 마치 사람들 즉 우리의 가족, 우리의 상관, 우리의 친구까지도, 적인 것처럼 행동한다. 그러나 성경은 사탄이 우리의 적이라는 것을 의심할 여지가 없게 만든다(엡 6:12). 사탄은 메시야가 이스라엘 민족을 통해서 오실 것을 알고 있었다. 아말렉 족속이나 이스라엘과 싸웠던 모든 다른 민족들은 사탄의 도구였다. 그것은 하나님의 백성들을 공격하는 무기였고, 어떤 의미에서는 하나님을 공격하는 무기였다.

이스라엘 백성들이 치른 육체적인 싸움은 전혀 실질적인 싸움이 아니었다. 우리가 처한 싸움 역시도 참으로 똑같다. 만일 우리가 무릎으로 우리의 싸움을 싸우지 않는다면, 모든 부류의 사람을 적으로 오해할 것이다. 그들이 우리의 적들처럼 생각되지만, 사탄이 우리의 싸움의 궁극적인 근원이다.

한 여대생이 구원받지 못한 아버지와 함께 지내면서 불화를 겪고 있었다. 그녀는 매우 상냥했지만 그것과는 관계없이 그들은 도저히 사이좋게 지낼 수가 없었다. 그녀는 곧 자신이 증오에 차있다는 것을 깨달았다. 그녀가 기도하는 순간에, 주님이 그녀에게 증오와 싸우는 전략을 보여 주셨다.

그녀는 싸움이 자신과 아버지와의 싸움이 아니라, 오히려 사탄과 그녀 안에 계시는 주님과의 싸움이라는 것을 알게 되었다. 그녀는 사탄이 그녀 안에 계시는 그리스도를 무력화시키는 도구로 아버지를 이용하고 있다는 것을 깨닫게 되었다. 이런 도전적인 태도로 상황을 받아들이자 집안의 사정이 변화되기 시작했다. 그녀는 더 이상 아버지를 적으로 생각하지 않았다. 그와 반대로, 그녀는 참으로 아버지가 그녀를 얼마나 사랑하고 있는가를 처음으로 경험했다. 갈등이 일어날 때, 그녀는 아버지에게 반항하는 것이 아니라 기도로 무릎을 꿇고 진짜 적을 처리했다.

사탄이 교회에 온통 불화의 씨를 뿌릴 때, 많은 하나님의 사람들은 서로 싸운다. 이런 싸움은 통상 아무도 진짜 적인 사탄을 처치하지 않기 때문에 결코 해결되지 않는다. 만일 우리가 우리의 적이 누구인지를 모른다면 싸움을 이길 방법은 없다. 따라서 우리의 진짜 적은 영적인 존재이기 때문에 우리가 그를 처치하는 방법은 우리의 무릎에 달려 있다.

하나님은 모든 승리의 근원이다. 그분에 대한 믿음과 우리를 위해서 우리의 싸움을 흔쾌히 싸우시는 분을 통해서, 우리는 환경에 관계없이 승리의 확신을 가지고 삶의 문제를 처리할 수 있다. 이것은 삶의 싸움터에서 권리를 주장해서 얻는 승리가 아니라, 공공연한 싸움이 시작되기 전에 은밀히 우리의 무릎으로 권리를 주장하고 얻는 승리이다.

우리는 지칠 때도 있다

둘째로 우리는 삶의 싸움에 직면할 때, 때로 지칠 수도 있다는 것을 기억할 필요가 있다. 하나님의 탁월한 정치가였던 모세조차도 머리위로 하나님의 지팡이를 들어 올리고 있을 때 점점 피곤해졌다. 그는 강하게 시작했지만, 곧 지쳐서 마침내 팔이 완전히 처졌다. 그는 높이 들어 올린 지팡이가 승리의 열쇠라는 것을 알았지만, 도저히 그것을 유지할 수가 없었다. 바로 그때, 아론과 훌이 그를 앉히고 그 싸움이 끝나서 아말렉 족속이 패배할 때까지 그의 팔을 들어올렸다. 예수님이 우리들에게 기도하고 낙심치 말라고 말씀하셨음에도 불구하고(눅 18:1), 우리의 마음은 여전히 약하다. 우리는 낙담한다. 그것은 이따금 우리가 주변의 환경을 바라보기 때문이다. 다른 때는 우리가 단지 무거운 짐을 주의해서 보지 않기 때문이다. 때로는 사탄이 우리를 낙담시키기 위해서 우리의 시각을 왜곡시킨다. 우리는 문제를 실제보다 더 크게 본다.

하나님은 우리가 때로는 점점 소심해질 것이라는 사실을 알고 계신다. 그분은 때로는 우리가 그와 같은 영향을 받지 않을 것이라는 것도 알고 계신다. 그분은 우리가 언제 포기하고 싶은 느낌이 드는지를 알고 계신다. 이것이 이 이야기의 세 번째 원칙을 준비하게 하는 점이다.

우리의 아론과 훌 찾기

하나님은 혼자 힘으로는 지팡이를 오랫동안 계속 쳐들고 있을 수 없다는 것을 아시고 모세를 그 언덕 위까지 보내셨다. 아론과 훌이 앞서 나간 것은 우연한 일이 아니었다. 그들은 모세에게 필요한 지원을 해 주었다.

같은 방법으로, 하나님은 우리가 완전히 다른 사람들과 독립된 사람이 되기를 원치 않으신다. 하나님은 각 사람이 그들의 재능, 은사, 능력, 그리고 기도를 통해서 다른 사람들의 필요를 충족시켜 주도록 그분의 교회를 서로 의존하는 체계로 세우셨다. 동시에 누구나 하나님이 모든 축복의 근원이시라는 것을 인정해야 한다.

우리 모두는 우리가 필요한 것과 우리의 짐을 함께 나눌 수 있는 두 사람 아론과 훌이 필요하다. 겟세마네 동산에서 그리스도께서는 자신의 짐을 드러내셨다. 그분은 또한 친구들의 기도의 도움이 필요했지만, 그분은 그들이 잠들어 있는 것을 발견하셨다.

아론과 훌은 모세에게 조언자의 역할을 한 것이 아니었다. 그들은 지치지 않도록 하기 위해서 모세에게 지팡이를 붙잡는 방법을 가르쳐 주는 것이 아니었다. 그들은 모세의 버팀목이었다. 그들은 실제로 모세의 팔을 떠받쳐서 지팡이를 계속 유지할 수 있게 했다. 사람들은 모두 필요 이상으로 우리의 영적인 싸움에 대해서는 자주 조언을 하지만, 그들은 기도로 그들의 시간을 내어주지는 않는다. 누가 당신의 고통에 대해서 마음이 내켜서 주의 깊게 듣고 하나님이 그 짐을 제거하실 때까지 기도하겠는가? 우리는 보다 적은 조언과 더 많은 기도가 필요하다. 하나님은 만족할 만한 조언에 의해서가 아니라, 성령 충만한 기도에 의해서 마음을 움직이시기 때문이다. 하나님은 우리들을 위해서 우리의 싸움을 이기기에 족한 능력을 가진 유일하신 분이다.

세 겹줄

"한 사람이면 패하겠거니와 두 사람이면 맞설 수 있나니 세 겹 줄은 쉽게 끊어지지 아니하느니라" (전 4:12). 서로에 대한 마음에서 우러나오는 관심과 하나님께 대한 흔들리지 않는 믿음을 가진 세 사람이 서로를 위해서 중재할 때, 초자연적인 역사가 일어난다. 하나님은 나의 삶속에서 이런 형태의 기도를 여러 번 받아 들이셨다. 나는 재정적인 문제, 가정의 문제, 교회에 관련된 문제, 그리고 깊은 개인적인 고통거리 때문에 나와 함께 기도한 "아론"과 "훌"이 있다. 나를 대신하여 눈물로 나의 짐을 지는 다른 두 사람이 있다는 것은 나의 영적인 생활 가운데서 가장 신나고 활기찬 체험 가운데 하나이다. 그것은 하나님이 나의 문제들에 대해서 관여하신다는 것을 육체적으로 안심시키는 역할을 한다. 나의 믿음은 나 대신에 하나님께 간구하는 나의 친구들의 믿음에 충만한 기도를 들을 때 싸움의 한 가운데서 솟구친다. 그것은 나의 믿음뿐만이 아니라, 더욱이 그들의 믿음을 강화시킨다. 우리가 우리들을 위해서 기도하는 사람들을 대신해서 중재할 기회가 있을 때가 있을 것이다. 기도의 동역자들 사이에 사랑이 발전할 때, 각각 다른 사람이 필요한 것에 대한 감각도 발달한다. 우리는 그들이 무엇인가를 말하지 않아도 그들의 고통을 알아보고 자각한다. 성령께서 우리들에게 누가 기도가 필요한지를 보여 주신다. 우리는 두 사람의 용기를 북돋아 주는 힘이 있을 때, 우리의 낙심은 용기와 확신으로 변할 것이고, 하나님의 능력이 현실이 된다.

영적인 마음을 가진 사람

우리가 하나님께 아론과 훌을 보내달라고 간구할 때 어떤 부류의 사람을 구해야 하는가? 먼저 우리는 "**영적인 마음**"을 갖고 하나님을 적극적으로 찾는 사람을 구해야 한다. 환경에 관계없이 주님께 복종하고 주님을 신뢰하는 사람이다. 아무튼 그들이 우리만큼 영적인가를 생각하는 것은 여기서 문제가 되지 않는다. 문제가 되는 것은 그들의 마음의 상태이다.

조언자가 아니라 용사. 둘째로, 우리는 우리가 직면할 수도 있는 문제에 관계없이, 우리를 있는 모습 그대로 받아들이는 사람을 구해야 한다. 그들은 우리의 흠을 잡는 것이 아니라, 자신들을 우리들을 돕기 위해서 보내심을 받은 사람으로 보아야 한다. 그들은 자신들을 조언자가 아니라, 기도의 용사로 보아야 한다.

동정적인 마음. 세째로 아론과 홀은 동정적인 마음이 있어야 한다. 그들은 우리가 느끼는 대로 느낄 수 있어야 한다. 그들은 상처를 주는 것이 무엇을 의미하는지를 알 필요가 있다. 그들은 또한 자신을 기꺼이 주고 그 대신에 아무 것도 바라지 않는 사람이어야 한다. 그들은 그리스도께서 행하신 것처럼 사욕이 없이 무조건적으로 우리를 사랑하는 사람이어야 한다.

신실한 사람. 마지막으로, 기도의 용사들은 신실해야 한다. 우리는 편리할 때만 오는 사람이 필요한 것이 아니다. 이런 사람들은 그들이 무슨 일을 하고 있든지 기꺼이 중단하고 우리를 기도로 돕기 위해서 와야 한다. 우리 곁에 서서, 우리 대신 전능하신 하나님께 간청하는 아론과 훌이 있을 때 우리의 삶에 무엇인가가 일어난다. 새로운 자유와 확신과 또한 더 큰 영적인 열매가 있다. 우리는 우리 스스로 이렇게 물어보아야 한다. "나는 누군가가 필요로 하는 아론과 홀 같은 그리스도인인가? 나는 그 자격에 맞는가?" 세 사람이 그리스도 안에서 함께 단결해서 그들의 믿음이 성장하고 더 강해지지 않고는 서로를 위해서 기도할 방법은 없다. 이와 같은 무리가 하나 되어 실존하는 삶의 싸움을 싸우고 이기는 것이다. 이것은 하나님이 우리 모두가 싸움을 싸우도록 의도하신 방법이다. 승리를 위해서 어떤 대가라도 지불할 사람들과 함께 그분 앞에 엎드리는 것이다.

만일 우리가 우리의 배우자와 자녀를 위해서 아론과 훌이 된다면 우리 가족에게 무슨 일이 일어나겠는가? 만일 우리가 아론과 훌과 같은 마음으로 사람들과 함께 기도하기 시작한다면 우리의 교회와 우리의 사업에 무슨 일이 일어나겠는가? 하나님이 우리의 교만을 제거하셔야 한다. 그분은 우리가 그것을 혼자서 하도록 하지 않으신다. 그분은 우리가 서로 필요한 것을 인정하고 영적으로 하나 되기를 원하신다.

당신은 어떤가

당신은 공포의 덫에 걸려서 당신을 자주 좌절시키는 싸움에 직면한 이스라엘 민족과 같은가? 그때 당신은 아론과 훌이 필요하다. 하나님께 당신 안에 있는 필요한 자질을 나타내게 해달라고 구하라. 그리고 영적인 싸움을 위해서 각오가 되어 있는 두 사람을 당신에게 보내 주시도록 그분께 구하라. 세 겹 줄은 쉽게 끊어지지 않는다. 성령의 능력 안에서 서로를 위해서 중재에 전념하는 세 사람의 믿음도 또한 쉽게 끊어지지 않는다.

11
기도의 싸움

그 때에 귀신 들려 눈 멀고 말 못하는 사람을 데리고 왔거늘
예수께서 고쳐 주시매 그 말 못하는 사람이 말하며 보게 된지라
무리가 다 놀라 이르되 이는 다윗의 자손이 아니냐 하니
바리새인들은 듣고 이르되 이가 귀신의 왕 바알세불을 힘입지 않고는
귀신을 쫓아내지 못하느니라 하거늘
예수께서 그들의 생각을 아시고 이르시되
스스로 분쟁하는 나라마다 황폐하여질 것이요
스스로 분쟁하는 동네나 집마다 서지 못하리라
만일 사탄이 사탄을 쫓아내면 스스로 분쟁하는 것이니
그리하고야 어떻게 그의 나라가 서겠느냐
또 내가 바알세불을 힘입어 귀신을 쫓아내면
너희의 아들들은 누구를 힘입어 쫓아내느냐
그러므로 그들이 너희의 재판관이 되리라
그러나 내가 하나님의 성령을 힘입어 귀신을 쫓아내는 것이면
하나님의 나라가 이미 너희에게 임하였느니라
사람이 먼저 강한 자를 결박하지 않고서야 어떻게 그 강한 자의 집에 들어가
그 세간을 강탈하겠느냐
결박한 후에야 그 집을 강탈하리라
나와 함께 아니하는 자는 나를 반대하는 자요
나와 함께 모으지 아니하는 자는 헤치는 자니라

(마태복음 12:22-30)

우리가 약한 기도를 하는 한 가지 근본적인 이유가 있다. 우리는 기도를 통해서 그분의 초자연적인 능력이 나타나는 것에 대한 하나님의 약속을 이해하지 못한다. 우리는 기도를 단지 하나님과 우리의 간구를 관련시키는 것으로만 생각한다. 따라서 우리는 중요한 실상을 놓친다. 바울 사도는 "끝으로 너희가 주 안에서와 그 힘의 능력으로 강건하여지고 마귀의 간계를 능히 대적하기 위하여 하나님의 전신 갑주를 입으라"(엡 6:10-11)라고 기록했을 때 싸움의 기도가 무엇인가에 대한 특징을 말했다. 우리는 우리 자신보다도 더 큰 힘이 필요한 싸움을 하고 있다. 바울 사도는 적, 사탄의 정체를 보여주고 하나님의 전신갑주를 입고 사탄과 싸울 준비를 하라고 명령한다.

그리고 나서 그는 싸움의 기도의 영역과 본질에 대해서 이렇게 말한다. "우리의 씨름은 혈과 육에 상대하는 것이 아니요 통치자들과 권세들과 이 어둠의 세상 주관자들과 하늘에 있는 악의 영들을 상대함이라"(엡 6:12).

우리가 오늘날 직접 부딪치는 적

그리스도의 몸(교회)은 영적인 세력과 끊임없는 싸움을 하고 있다. 예수 그리스도의 교회는 이방 로마제국의 한가운데서 태어났다. 2000년 후 미국에서 주 예수 그리스도의 교회는 다시 이방제국의 한 가운데에 있다. 이방제국은 하나님을 반대하는 자본주의 제국이다. 이방제국의 종교는 인본주의 체계이다. 이방제국의 철학은 인간이 그들 스스로 필요한 것을 채울 충분한 능력이 있다고 단언한다. 교회는 삼위일체 하나님을 인정하지 않는 체계로 에워싸여 있다. 인간이 자기 자신의 신이다.

초기에 신약 시대의 교회는 진리를 위해서 박해를 받았다. 그 결과, 로마제국은 예수 그리스도의 복음이 로마 군대의 조직보다도 더 큰 능력이 있다는 것을 인정했다. 그리스도인들은 그들의 영적인 능력을 보여 주었다. 그들은 믿었고, 그들은 맞섰고, 그들은 바쳤고, 그들은 죽었다. 그러면 오늘날의 로마제국은 어떤 처지에 있는가? 로마제국이 붕괴되었기 때문에 오랫동안 그리스도인들의 믿음이 존속되는 것이다.

도전

오늘날 미국에서 그리스도의 몸(교회)은 인본주의의 도전에 직면해 있다. 우리는 지금 우리가 타협해야 할 것인지를 결정해야 한다. 우리가 하나님의 말씀에 눈을 감을 것인가? 그렇지 않으면 우리가 알고 있는 것이 옳다는 확실한 태도를 취할 것인가? 우리는 미래의 세대를 위해서 21세기에 기꺼이 그 값을 치르겠는가?

하나님은 우리가 대항할 적을 알고 계신다, 따라서 그분은 우리가 혼자 싸우도록 내버려두지 않으신다. 기도의 능력을 통해서, 그분은 인본주의 세력과 영향력을 이기도록 하기 위해서 우리를 무장시키신다. 그분은 우리들에게 우리 사회에 지워지지 않는 인상을 남길 책임과 능력을 주셨다. 하지만 우리가 기꺼이 그렇게 하고 있는가?

기도는 언제나 우리의 가장 힘 있는 무기다. 그럼에도 불구하고 우리는 그리스도인으로서 우리가 기도하도록 주어진 우리의 신적인 권위를 행사하는 것을 실패함으로 우리의 국가를 현재의 상태로 타락하도록 내버려 두었다. 그렇다, 우리는 책임이 있다! 왜? 미국이 영적으로 문제가 있기 때문에, 그러므로 그것을 해결하기 위해서는 영적인 해답이 필요할 것이다.

 교회의 책임

교회는 그들이 영적으로 어떤 처지에 있든지, 사람들을 그리스도께 인도할 뿐만 아니라, 모든 부류의 사람들을 대처해야 하는 사역이 있다. 우리는 그들을 사탄의 속박에서 구해서 자유롭게 하여 하나님이 원하시는 사람이 되도록 하기 위해서 사탄과 싸운다. 그러나 우리의 믿음의 약함과 부족 때문에, 교회는 그러한 싸움에서 뒷걸음질 친다. 우리는 우리의 임무는 다만 사람들을 그리스도께 인도해서 그들을 교회의 등록카드에 올리는 것이라는 결론을 내리지만, 그것은 교회의 총체적인 목적과 거리가 멀다.

우리가 정치적인 문제 또는 치유, 또는 통상적인 일에서 벗어나는 일에 참여해서는 안 된다고 말하는 사람들이 있다. 어떤 사람들은 치유사역과 축귀사역(마귀를 기도로 쫓아내는 일: 역주)과 성령의 많은 다른 사역이 1세기에 끝났다고 가르친다. 그러나 오늘날 그리스도의 몸(교회)의 책임은 2,000년 전과 다를 바 없다.

그리스도께서는 "내가 너희에게 뱀과 전갈을 밟으며 원수의 모든 능력을 제어할 권능을 주었으니 너희를 해칠 자가 결코 없으리라"(눅 10:19)라고 말씀하셨다. 전반 절의 능력이란 말은 권위를 의미한다. 후반 절의 권능이란 말은 힘을 의미한다. 그리스도께서는 그분의 제자들에게 적의 모든 권위와 힘을 제압하는 데 필요한 모든 권위와 힘을 주셨다고 말씀하셨다.

직무를 위한 무장

만일 그리스도께서 오늘날 우리들에게 2,000년 전 그리스도인들과 똑같은 책임을 주셨다면, 그분이 그 임무를 수행하도록 하기 위해서 같은 능력을 주신다는 것은 이치에 맞는다. 우리는 구원을 받았고 하나님의 영광을 위하여 성화(하나님의 은총으로 하나님의 의를 받은 사람이 성령을 받아 신성한 인격을 완성해 가는 과정: 역주)되어가고 있다. 그분의 영광을 위하여, 우리는 그분께 복종해야 한다. 그분께 복종하기 위해서, 우리는 지상 명령(그리스도께서 승천하시면서 제자들에게 부탁하신 선교 명령(마 28: 19-20: 역주)을 마음에 깊이 새겨야 한다.

모든 그리스도인들은 가능한 어떤 방법으로든지, 그리스도의 지상 명령을 수행해야 한다. 2,000년 동안, 남녀 그리스도인들이 그리스도의 명령의 결과로 외국으로 나갔다. 우리는 그들의 노력의 열매이다. 우리 각자는 같은 책임이 있다.

하나님은 그분이 1세기 교회에 주셨던 것과 같은 사탄의 세력을 제압할 같은 양의 권위와 능력을 오늘날의 교회에도 주셨다. 이것이 사실이므로, 우리는 초대 교회와 같이 이 세상의 왕(사탄)을 결박해서 그분의 것을 당연히 그분께 반환하도록 요구할 책임이 있다. 이 세상에 전능하신 존재가 오직 한 분이 계시는데, 그분은 하나님이시다. 사탄은 무한한 힘을 가진 존재가 아니다. 그는 단지 타락한 천사이다. 그러나 교회는 사탄이 무한한 힘을 가진 존재처럼 행동한다. 우리는 마치 사탄이 하나님과 똑같은 능력이 있는 것처럼 간주한다. 우리는 가끔 사탄을 단지 하나님보다 능력이 적은 정도로 생각한다. 우리가 사탄을 과대평가 하는 한 계속 움츠러들게 될 것이다.

그리스도를 통해서, 하나님은 사탄에게 생명의 위험이 따르는 공격을 하셨다. 그리스도의 죽으심과 부활은 우리들에게 죄의 결과와 능력을 제압하는 승리를 주셨다. 그리스도를 통해서, 우리는 사탄을 이긴다. 그는 정복되었다. 지금 하나님은 그분의 성령이 우리 안에 내재하시고 초자연적인 능력을 주셔서 사탄을 정복하도록 우리들을 세상으로 보내신다. 우리는 죄의 포로 가운데 있는 사람들의 생명을 하나님께 반환하도록 사탄에게 요구해야 한다. 우리는 길 잃고 죽어가는 세상 사람들을 위한 하나님의 대사이다(고후 5:20).

그러나 우리는 과거의 실패로부터 우리의 눈을 떼어서 하나님과 그분의 말씀에 집중할 때만 이 위대한 일을 성취할 것이다. 우리는 하나님의 초자연적인 능력이 우리 안에서 잠자도록 내버려 둘 것이 아니라, 우리가 가지고 있는 것을 사용하기 시작해야 한다.

이전에 몇몇 바리새인들이 예수님이 사탄의 이름으로 마귀들을 쫓아낸다고 비난했다(마 12:24). 그래서 예수님께서 이렇게 말씀하셨다. "만일 사탄이 사탄을 쫓아내면 스스로 분쟁하는 것이니 그리하고야 어떻게 그의 나라가 서겠느냐 또 내가 바알세불을 힘입어 마귀를 쫓아내면 너희의 아들들은 누구를 힘입어 쫓아내느냐 그러므로 그들이 너희의 재판관이 되리라 그러나 내가 성령을 힘입어 마귀를 쫓아내는 것이면 하나님의 나라가 이미 너희에게 임하였느니라"(마 12:26-28). 이것은 그들이 그분이 오셨을 때 메시야인지를 확인하려했던 바로 그 사람들이라는 것을 아시고, 예수님이 하실 수 있는 가장 심한 책망이다.

영적 싸움의 본질

예수님은 "사람이 먼저 강한 자를 결박하지 않고서야 어떻게 그 강한 자의 집에 들어가 그 세간을 강탈하겠느냐 결박한 후에야 그 집을 강탈하리라"(마 12:29)고 말씀하심으로 영적 싸움의 본질에 대한 요점을 간략하게 말씀하셨다. 그리스도께서는 다시 사탄을 결박하는 이 요점에 대해서 말씀하셨다. "내가 천국 열쇠를 네게 주리니 네가 땅에서 무엇이든지 매면 하늘에서 매일 것이요 네가 땅에서 무엇이든지 풀면 하늘에서도 풀리라"(마 16:19). 영적 싸움은 성령의 인도하심에 따라 묶고 푸는 것이다.

우리는 예수님이 오실 때까지 계속될 싸움 즉 세상과 싸우면서 살고 있다. 우리 모두는 어떻게든 우리가 그것을 좋아하든지 또는 좋아하지 않든지 이 싸움에 연루되어 있다. 우리는 하나님의 군대에 대하여 협력자가 되거나 또는 방해자가 될 것이다. 우리는 승리자가 되거나 포로가 될 것이다.

바울 사도는 우리가 이 싸움에서 사람들이나 또는 환경과 대항하기 위해서 나아가는 것이 아니라는 것을 분명하게 한다. 왜냐하면 사탄과 그의 큰 무리가 우리의 적이기 때문이다(엡 6:11-12). 이것은 영적 싸움이다 그러므로 우리는 영적으로 준비를 해야 한다. 우리는 하나님의 전신갑주를 취해야 한다. 따라서 만일 우리가 전신갑주를 입으려고 한다면 우리는 그것이 무엇인지를 알아야 한다.

진리로 묶은 허리

먼저 우리는 우리의 허리를 진리로 묶어야한다. 이것은 단지 말씀을 읽는 것이 이상을 의미한다. 우리는 성경이 무슨 말씀을 하는지 그리고 성경이 우리를 어떤 사람이라고 말씀하는지를 정확하게 알아야 한다. 우리는 그리스도 안에서의 우리의 지위와 우리 안에서의 그분의 지위를 알아야 한다. 믿음으로 우리는 싸움터가 하늘에 있다는 것을 보아야 한다-진짜 싸움은 하나님과 사탄의 싸움이다.

우리의 신학의 모순 속에 사탄은 그의 거점을 짓는다. 흔히 영적인 일들에 대한 우리의 잘못된 시각은 기도의 싸움이 일어날 때 우리를 무력하게 한다. 진리를 몸에 지니고 있는 것만으로는 충분하지 않다. 우리가 자유하려면 진리를 깨달아야 한다(요 8:32). 우리는 우리가 성실하게 싸움을 준비하려고 한다면 우리의 허리를 진리에 대한 지식과 적용으로 졸라매야 한다.

의의 호심경

다음에 우리는 의(義)의 호심경(갑옷의 가슴 부분에 몸을 보호하기 위해 붙이는 구리 조각: 역주)을 입어야 한다. 이것은 의로운 행동을 의미하는 것이 아니다. 그보다 그것은 우리가 하나님의 의의 선물을 받아들이는 것을 의미한다(롬 5:7). 우리는 이미 그리스도 안에서 하나님의 의를 얻었다(고후 5:21). 싸움을 준비하기 위해서, 우리는 그분의 의의 선물을 받아들여야 한다(하나님의 의는 율법에서 요구하는 것을 완성할 때만 얻어질 수 있다. 그러나 타락한 인간은 누구도 율법의 요구를 만족시킬 만큼 의롭게 살 수가 없다. 오직 예수 그리스도만이 죄 없이 오셔서 율법대로 사셨고, 율법대로 살지 못한 저주 아래 있는 죄인들을 위하여 십자가에서 죽으셨다. 그리스도만이 의로우신 것이다. 때문에 의로우신 그리스도를 믿으면, 그 의가 믿는 자에게 전가(轉嫁)되어 의롭게 되어진다: 역주).

이것은 대부분의 사람들이 받아들이기에 벅차다. 우리는 우리 자신을 의롭다고 여기지 말도록 가르침을 받아왔다. 그러나 그것은 바로 갑주의 첫 부분으로 거슬러 올라간다. 우리는 우리가 만일 기도의 싸움으로 들어가려면 하나님의 진리의 말씀을 알아야 한다. 우리의 교리가 성경적으로 옳을 때, 우리는 우리 자신을 하나님의 시각으로 평가할 것이다.

내가 청년시절에 출석했던 교회는 인간의 죄를 강조했다. 목사는 한 번도 우리가 그리스도인이 될 때 우리가 얻는 의에 대해서 말하지 않았다. 그 결과 나는 하나님께 정죄를 받은 듯한 인상을 통절히 느끼면서 자랐다. 나는 결코 나에 대한 하나님의 기대에 부응하는 삶을 살 수 있다는 생각을 해본 적이 없다. 이런 부정적인 가르침이 나에게 영향을 미쳐서 나는 나의 사역의 초기 몇 년 동안 나 자신을 하나님이 보시는 시각으로 받아들이려고 애를 쓰면서 보냈다. 다만 그리스도 안에 있기 때문에 내가 하나님께 받아들여졌다는 것을 알았을 때, 정죄의식이 어느 정도 제거되었다. 나는 더 이상 하나님이 나에 대해서 어떻게 생각하시는가에 대해서 근심하지 않게 되었다. 그분이 보시기에 나는 의롭다. 나의 책임은 다만 그분의 의의 선물을 받아들이는 것이다.

성경은 그리스도 안에서 우리가 의롭다는 것을 분명하게 가르친다. 우리 자신을 하찮게 보는 것은 우리의 갑주의 가장 중요한 부분인 호심경 없이 싸움으로 들어가는 것이다. 이 영역에서 우리의 잘못된 생각이 사탄에게 하나님 앞에서 우리가 하찮은 존재라고 생각하도록 만든다. "네가 대체 누구이기에 하나님이 너의 기도를 응답하시기를 기대하느냐?"라고 사탄은 말한다. "나는 그리스도 안에서 하나님의 의가 되었다, 그것이 나다!"라는 단 하나의 가장 알맞은 대답이 있다(고후 5:21절을 보라).

만일 하나님이 우리들을 그리스도처럼 의롭게 하지 않으셨다면, 우리가 어떻게 천국에 들어갈 수가 있겠는가? 우리는 준비 없이 싸움을 하러 나갈 때가 너무나도 많다. 그 결과로, 우리는 그만큼 패배를 당하고 자신이 하찮다고 생각하기 때문에 하나님과의 관계를 게을리 한다. 우리는 영적인 싸움을 할 때 하나님의 의의 선물을 받아들여야만 한다.

평안의 복음 예비

우리가 우리의 발에 평안의 복음을 예비하는 것은 필수적이다. 여기서 요지는 "평안"이라는 말이다. 바울 사도는 우리가 이 세상의 삶 속에서 가질 수 있는 평안에 대해서 말하고 있다. 대개의 경우 우리는 복음을 어떤 사람이 그리스도를 그들의 구세주로 영접하면 천국에 들어가는 약속으로 생각한다. 그러나 바울 사도는 그리스도를 영접한 결과로서 이 세상에서의 새 생활에 대해서 이야기하고 있다. 바꾸어 말하면, 우리는 다른 사람들을 그리스도께 인도할 준비를 해야 한다. 기도의 싸움을 하는 사람은 하나님이 이 세상에서 우리들에게 주신 평안에 대해서 알아야 한다. 바울 사도는 이렇게 기록했다. "내가 그리스도와 함께 십자가에 못 박혔나니 그런즉 이제는 내가 사는 것이 아니요 오직 내 안에 그리스도께서 사시는 것이라 이제 내가 육체 가운데 사는 것은 나를 사랑하사 나를 위하여 자기 자신을 버리신 하나님의 아들을 믿는 믿음 안에서 사는 것이라"(갈 2:20). 이 말씀은 참으로 기도 용사들의 끊임없는 체험이 되어야만 한다. 평안은 오직 우리가 그리스도께서 우리를 통해서 사시도록 할 때 온다.

  이것은 우리의 세상이 경험할 필요가 있는 복음의 양상이다. 세상 사람들은 천국에 대해서 "들어왔다." 이제는 그들이 우리의 가정, 우리의 교회, 그리고 우리의 사무실에서 천국을 "보도록 해야 한다." 사람들은 부유한 사람들이 살아가는 모습을 보았기 때문에 자신들도 부를 얻으려고 애를 쓴다. 따라서 사람들은 그리스도인들이 영적으로 살아가는 모습을 볼 때, 그리스도를 찾는다. 그들이 다가올 때, 우리는 그들을 그리스도 안에 있는 이 새 생활로 인도하기 위해서 준비해야 한다. 우리는 잃어버리고 타락한 사람들이 우리의 기도 응답의 부분이 되도록 준비해야 한다.

믿음의 방패

그 다음에 바울 사도는 우리가 믿음의 방패를 가져야 한다고 말한다. 이것을 가지고 우리는 사탄의 불화살들을 소멸시켜야 한다. 우리를 대적하여 다가오는 모든 악은 사탄에게 나온다. 우리는 결코 이런 시각을 놓쳐서는 안된다. 그렇지 않으면 우리는 사탄의 앞잡이들을 우리의 적들로 생각하고, 문제의 시조인 사탄을 결코 처치하지 못할 것이다.

믿음이 사탄의 공격을 어떻게 이길 수 있는가? 사탄은 거짓말로 공격한다. 따라서 사탄이 우리들을 어떻게 생각하게 하느냐에 관계없이 우리는 하나님이 말씀하신 것을 믿음으로 우리 자신을 지킨다. 예를 들면, 당신이 두려움의 감정으로 공격을 받는다고 가정해 보자. 이것은 사탄이 사용하는 악명 높은 화살이다. 사탄을 이기기 위해서 당신은 하나님의 진리를 시인함으로 그의 거짓과 싸운다. "하나님이 우리에게 주신 것은 두려워하는 마음이 아니오 오직 능력과 사랑과 절제하는 마음이니"(딤후 1:7).

우리의 감정이 우리의 마음으로 들어가는 사탄의 출입구가 되는 경우가 많다. 믿음으로 우리는 문 앞에서 그를 저지해야 한다. 우리의 감정이 우리에게 무슨 말을 하든지 그것과는 관계없이, 우리는 하나님을 믿어야 한다. 우리 스스로가 무가치하게 느껴질 수도 있지만, 그것은 거짓이다. 때로는 우리가 받아들여지지 않은 것처럼 생각될 수도 있다. 그것도 또한 거짓이다. 우리는 우리가 누구인가에 대한 신뢰할 수 있는 지식으로 우리의 마음을 바꾸어야 한다(골 3:10). 믿음으로 우리는 하나님이 말씀하신 것을 받아들여야만 한다. 왜냐하면 믿음은 사탄의 거짓말에 대한 우리의 방어막이기 때문이다.

주님의 투구

우리가 기도의 싸움을 할 때, 우리의 무기는 구원의 투구를 포함해야 한다. 이것은 우리가 우리 안에 성령이 거하시도록 해야 한다는 것을 의미한다(엡 6:18). 투구는 마음을 지키고 보호한다. 이것은 또한 성령의 역사이다. 우리는 성령의 능력과 지시 아래에서 살아야 한다. 육체의 힘과 판단력은 영적인 싸움에 무익하다(고후 10:3-5). 그러므로 우리는 우리의 마음, 의지, 그리고 감정을 성령의 권위에 복종시켜야 한다(갈 5:16, 25).

성령의 검

끝으로, 우리의 무기는 성령의 검인 하나님의 말씀을 포함시켜야 한다. 이 책 처음부터 끝까지 우리는 우리의 기도 가운데 성경의 중요성에 대해서 언급했다. 성경은 우리의 믿음의 닻이며 우리의 권위의 근원이다.

그러나 하나님의 말씀은 영적인 싸움과 기도의 싸움에 관련해서 다르게 사용된다. 성경은 우리의 적 사탄에게 사용하는 무기이다. 그러나 만일 우리가 이 무기를 사용하는 방법을 모른다면 이 무기는 우리들에게 조금도 가치가 없을 것이다. 우리는 영적인 공격을 할 때 하나님의 말씀으로 사탄에게 명령을 해야만 한다. 사탄의 한정된 공격을 처치하는 특효가 있는 성경의 구절이 있다. 우리는 우리의 기도를 이 구절들로 가득 채워야 한다. 이 방법으로 우리는 우리의 삶과 다른 사람들의 삶 가운데서 역사하는 사탄을 결박할 수 있다.

기도의 싸움의 전략

기도의 싸움 준비에 대해서 잘 알았으니, 이제 싸움 자체에 우리의 주의를 기울여 보자. 우리는 우리의 삶과 다른 사람의 삶속에서 적을 어떻게 처치해야 하는가? 우리는 이미 영적인 싸움의 본질이 묶고 푸는 것이라고 정의했다(마 16:19). 그러면 우리가 무엇을 묶고 풀어야 하는가? 이 의문에 대한 해답은 다음 성경 구절에 있다.

> "우리의 싸우는 무기는 육신에 속한 것이 아니요 오직 어떤 견고한 진도 무너뜨리는 하나님의 능력이라 모든 이론을 무너뜨리며 하나님을 아는 것을 대적하여 높아진 것을 다 무너뜨리고 모든 생각을 사로잡아 그리스도에게 복종하게 하니"(고후 10:4-5).

우리는 기도의 싸움을 통해서 우리의 삶과 다른 사람의 삶속에 있는 사탄의 요새를 파괴하기 위해서 나아갈 책임과 능력이 있다.

사탄의 요새들

요새는 우리의 생활 방식의 주요 부분이 된 죄의 영역이다. 그것은 해로운 습관(마약, 간음, 흡연)이 될 수도 있고 또는 마음가짐(거절, 고독, 근심, 의심)이 될 수도 있다. 우리는 이런 습관 또는 마음가짐을 옹호하기 위해서 합리화와 사색의 무기를 모두 사용한다. 그러나 이런 요새들이 전적인 근거로 삼는 지식은 하나님의 진리를 대적한다(고후 10:5).

사탄은 우리들에게 이런 요새들을 확보하기 위해서 그릇된 신념을 최대한 주입한다. 그것은 어쩌면 이렇게 들릴 수도 있을 것이다. "이 연주는 잘못된 것이 조금도 없어 어쨌든 가사는 귀담아듣지 않으니까." 또는, "나는 그저 불안할 때만 술을 조금 마실 뿐이야" "시속 120Km를 가더라도 경찰이 나를 길 한쪽으로 세우지 않을 거야, 맞지?"라고 말을 해본 적이 있지 않는가? 그리스도인으로서 우리의 책임은 성령 충만한 기도를 통해서 이런 요새들을 파괴시켜야 한다. 어떻게? 하나의 유일한 무기가 있다. 그것은 바로 성령의 검이다. 우리는 하나님의 말씀을 가지고 이런 그릇된 신념과 싸워야 한다. 우리는 명확한 진리를 가지고 구체적으로 사탄의 거짓과 싸워야 한다.

한 젊은 여성이 그녀의 식사습관을 바로잡기 위해서 끊임없이 애를 썼다. 그녀는 그것이 그녀의 삶에 있어서 요새라는 것을 깨닫고 그 요새를 이겨내기 위해서 싸웠다. 먼저 그녀는 그녀의 문제에 대해서 그녀가 믿어왔던 잠재의식 속에 있는 그릇된 신념을 정확하게 파악했다. 그녀는 간식을 먹으면 공부가 더 잘될 것이라고 생각했다. 그녀는 또한 그녀가 허기를 느낄 때마다 "먹어야 된다"고 생각했다. 따라서 그녀는 먹는 것이 그녀가 그녀의 감정을 처리하는 데 더 도움이 된다고 스스로 생각했다. 그러나 이 모든 것들은 그녀를 계속 예속하기 위한 사탄의 거짓말이었다.

그녀는 그분의 자녀로서 그녀의 생명에 대한 하나님의 가치에 대해서 받아들였다. 그녀는 "새로운 피조물"이 되었고 그녀의 생명이 하나님 안에 그리스도와 함께 감추어졌다는 것을 믿었다(골 3:3). 그녀는 그녀가 육체의 지배나 육체의 정욕 아래 있지 않다는 사실을 받아들였다(갈 5:24).

그 뒤 곧 그녀는 이와 같은 것을 언급하는 성경의 구절을 선택해서 그것을 암송했다. 그녀는 실제로 먹을 필요가 없다는 것을 알고 있음에도 불구하고 식욕이 날 때마다, 하나님의 말씀으로 사탄의 거짓을 대적했다. 그녀는 그때부터 계속 확실하게 승리했다.

우리는 우리의 삶 가운데 있는 사탄의 요새를 파괴시켜 달라고 오직 믿음으로 하나님께 구할 필요가 있다. 그러면 그분이 그것을 파괴하실 것이다. 그 다음에 우리는 하나님의 말씀의 참 지식으로 즉시 우리의 마음의 속성을 새롭게 해야 한다(롬 12:2). 만일 우리가 그렇게 하지 않는다면, 우리는 반복해서 똑같은 사탄의 거짓에 좌우될 것이다.

예를 들면, 당신은 자기 정죄의 요새를 가지고 있다. 즉, 당신은 죄를 짓고 하나님께 용서를 구한 후에도 용서받았다는 느낌이 들지 않는다. 당신은 충분한 시간이 흘러서 하나님과 당신의 교제가 회복될 수 있을 때까지 죄의식의 어두운 그림자에 빙 둘러싸여서 우울해한다.

승리에 도달하려면, 당신은 이 요새를 파괴시켜 달라고 하나님께 간구해야 한다. 그 요새를 분명하게 거명하라. 사탄이 당신에게 사용하는 거짓을 책망하고 지금 그분의 진리의 말씀을 받아들이겠다고 하나님께 말씀을 드려라. 당신에게 적합한 말씀은 로마서 8장 1절일 것이다. 또한 성경에서 하나님의 용서에 대한 구절을 정독하라. 이것은 당신의 주의를 진리에 집중하게 할 것이다. 그 다음에 진리를 묵상할 때, 당신의 마음이 긍정적으로 반응할 것이다.

성도들을 위한 싸움

사탄의 요새를 무력화시키는 이런 원리는 우리가 다른 성도들을 위해서 기도할 때 마찬가지로 적용할 수 있다. 그러나 어떤 시점이 되면, 다른 성도들은 자신들이 마음을 스스로 새롭게 하는 책임을 져야 한다. 우리는 그들의 마음을 새롭게 할 수 없다. 우리는 그들의 삶 속에 있는 특정한 요새를 파괴시켜 달라고 하나님께 기도할 수 있다. 따라서 그분이 그렇게 하실 것이다. 그러나 만일 그 요새를 방어하는 거짓을 책망하지 않는다면, 요새는 다시 돌아올 것이다. 왜냐하면 진리의 적용만이 사탄을 대적할 수 있기 때문이다.

어느 날 저녁 나는 하나님이 나의 삶속에서 보여 주신 두려움의 요새에 대해서 아들과 이야기를 나누었다. 그는 미소를 지으면서 주님이 나의 삶속에 있는 이 문제를 지난주에 그에게 보여 주셨다고 말했다. 그는 하나님이 이 요새를 파괴시켜서 이 분야의 진리의 말씀으로 나의 마음이 새롭게 될 수 있도록 내가 필요한 것을 나에게 보여 주시도록 기도하고 있었던 것이다. 우리는 둘 다 기도의 능력과 만일 우리가 그분께 요새를 파괴 하시도록 만 한다면 우리의 요새를 파괴하기를 마다하지 않으신다는 것을 새롭게 이해하게 되었다.

우리가 다른 성도들을 위해서 기도할 때, 우리는 하나님이 그들의 요새에 대한 진리를 그들에게 드러내실 때까지 끈질기게 되풀이해야 한다. 우리는 하나님이 그들의 죄에 대해서 그들에게 뉘우치게 하시고 그들을 진리가운데로 인도하시도록 기도해야 한다. 우리는 그리스도의 약속을 주장하여야 만 한다. "그러나 진리의 성령이 오시면 그가 너희를 모든 진리 가운데로 인도하시리니 그가 스스로 말하지 않고 오직 들은 것을 말하며 장래 일을 너희에게 알리시리라" (요 16:13). 요지는 끊임없이 기도하는 것이다. 우리는 "특정한" 요새와 싸우기 위해서는 "특효가 있는" 진리가 필요하다.

요새들과 잃어버린 자들

잃어버린 사람들은 또한 요새들에 감금되어 있다. 미루는 버릇, 부도덕한 행실, 독선, 그리고 의심과 같은 요새들은 사람들에게 그리스도 안에서 얻을 수 있는 새 생명을 체험하지 못하게 한다. 우리는 구체적인 요새들이 무엇인지를 보여 달라고 하나님께 구해야만 한다. 우리는 그 다음에, 하나님이 우리에게 주신 권위로, 그들의 요새 가운데 있는 사람들이 죄를 깨닫게 해달라고 구할 수 있다. 사탄은 잃어버린 자들과 노예가 된 그리스도인들을 가두어 두기 위해서 거짓말을 사용한다. 압도하는 기도를 통해서만 그리스도께서 약속하신 소망과 자유를 얻는다. 우리는 거짓 영들을 묶고 진리를 섬기는 영들을 풀어야 한다(히 1:14). 이런 형태의 기도는 마귀들이 부들부들 떨 정도의 하나님의 능력을 시동하는 것이다.

바울 사도는 "우리의 씨름은 혈과 육을 상대하는 것이 아니요 통치자들과 권세들과 이 어둠의 세상 주관자들과 하늘에 있는 악의 영들을 상대함이라"(엡 6:12)라고 말했다. 우리는 육과 혈에 대한 싸움을 그만두고 진짜 적을 처치할 때이다. 우리의 무기는 오직 한 가지다. 그것은 설교하고, 가르치고, 찬양하고, 또는 조직하는 것이 아니다. 그것은 기도를 통해서 사탄의 거짓에 대비하게 하는 하나님의 말씀이다. 우리의 기도가 하나님의 나라를 세우고 사탄의 나라를 파괴한다. 그러나 기도가 없는 곳에는 싸움도 없다. 싸움이 없는 곳에는 영적인 승리의 박진감도 없다. 영적인 박진감이 없는 곳에는 승리도 없다. 승리가 없는 곳에는 하나님께 영광을 돌릴 것이 아무 것도 없다.

그리스도께서는 "아버지께서 내게 하라고 주신 일을 내가 이루어 아버지를 이 세상에서 영화롭게 하였사오니"(요 17:4)라고 말씀하셨다. 우리는 그리스도처럼 아버지를 영화롭게 해야 한다. 그러나 만일 우리가 기도의 싸움을 하지 않는다면 결코 우리의 삶에 대한 하나님의 뜻을 수행하지 못할 것이다. 만일 우리가 기도하지 않는다면, 하나님이 구상하신 영원한 미래에 대한 하나님의 목적을 수행하지 못한다.

기도의 핸들

지은이　찰스 F. 스텐리
펴낸이　채주희
펴낸날　2007. 1. 29 초판 1쇄 발행
　　　　2007. 2. 5　초판 2쇄 발행

펴낸곳　도서출판 엘맨
등록번호　제10 - 1562호 1985. 10. 29
등록된곳　서울시 마포구 합정동 433-62
Tel 02-323-4060　Fax 02-323-6416
E-mail elman1985@hanmail.net

값: 9,800원

잘못된 책은 바꾸어 드립니다.